Esoterische Abhandlung über die Magie der Runen

Samael Aun Weor

Verlag Heliakon

Verlag Heliakon

Original Titel: Tratado Esotérico de Magia Runica
Übersetzer: Osmar Henry Syring

Umschlaggestaltung: Verlag Heliakon

Druck und Vertrieb: BoD - Books on Demand

www.verlag-heliakon.de
info@verlag-heliakon.de

ISBN 978-3-943208-61-0

Die Deutsche Nationalbibliothek verzeichnet diese Publikation in der Deutschen Nationalbibliografie; detaillierte bibliografische Daten sind im Internet über www.dnb.de abrufbar.

Inhaltsverzeichnis

Einleitung

Ich schreibe das fünfte Evangelium, ich lehre die Religion der Synthese, welche die ursprüngliche Religion der Menschheit war; die Doktrin des Janus oder der Jinas. Dies ist die Religion der Weisheit der antiken Priesterkollegien, der Gimnosophen oder einsamen Jinas von Zentralasien, der Johannes, Samanen, ägyptischen Asketen, antiken Pythagoreer, mittelalterlichen Rosenkreuzer, Templer, ursprünglichen Freimaurer und der anderen mehr oder weniger bekannten esoterischen Bruderschaften, deren Auflistung ein Dutzend Seiten füllen würde.

Dies ist die geheime Doktrin der Ritter des Heiligen Grals. Dies ist der lebendige Stein des Jakob. Der dialektisch erklärte lapis electrix (magnes). Ohne das fünfte Evangelium bleiben die Vier verschleiert. Ich schreibe, um den Schleier der Isis zu lüften. Es ist dringend notwendig, zu entschleiern, um zu lehren. Es ist notwendig, das Evangelium des Reiches in allen Nationen der Welt zu predigen. Predigen, ohne zu entschleiern, ist gleichbedeutend mit nicht lehren. Wir müssen die Vier mit dem Fünften erklären. Das Evangelium des Reiches wurde nie gepredigt, weil es nie erklärt wurde.

Die Vier sind verschlüsselt und deshalb konnte niemand sie jemals grundlegend erklären. Mit dem Fünften strahlt das Licht in der Finsternis. Hier kommt nun ein weiteres Buch des fünften Evangeliums.

Dem, der weiß, gibt das Wort die Macht, niemand hat es ausgesprochen, niemand wird es aussprechen außer demjenigen, der es inkarniert hat.

Inverenzialen Frieden

Samael Aun Weor

Die heilige Mutter und die heiligen Götter

»Jungfräul'che Mutter, Tochter deines Sohnes,
Mehr, denn sonst ein Geschöpf, hehr und voll Demut
Vorausbestimmtes Ziel des ew'gen Rates,
Du bist's, durch die die menschliche Natur so
Geadelt ward, dass es verschmäht ihr Schöpfer
Nicht hat, sein eigenes Geschöpf zu werden.
In deinem Leib hat sich aufs neu' entzündet
Die Lieb', an deren Glut im ew'gen Frieden
Also hervorgesprosst ist diese Blume.
Allhier bist du der Liebe Mittagsfackel
Für uns, und bei den Sterblichen dort unten
Bist die lebend'ge Quelle du des Hoffens.
Ein Weib bist du so groß, und soviel giltst du,
Dass, wer nach Gnade strebt und dich nicht anruft,
Der wünschet sich, zu fliegen sonder Schwingen.
Und deine Gütigkeit gewährt dem Hilfe
Allein nicht, der drum bittet, nein, zum öftern
Kommt sie zuvor der Bitt' aus freiem Willen.
In dir Barmherzigkeit, in dir ist Mitleid,
In dir großmüt'ges Wesen, in dir eint sich,
Was immer ein Geschöpf an Güte fasset,
Der hier nun, welcher von der tiefsten Lache
Des Universums bis hierher gesehn hat
Der Geister Leben all, eins nach dem andern,
Fleht dich um Gnad' an, Kraft ihm zu verleihen,
So dass er höher noch sich mit den Augen
Aufschwingen könne hin zum letzten Heile,
Und ich, der nimmer für mein Schaun geglühet,
Wie für das seine jetzt, bring' all mein Bitten
Dir dar und bitte, dass es nicht umsonst sei,
Damit du ihm jedwede Wolke mögest
Der Sterblichkeit durch dein Gebet zerstreuen,

So dass die höchste Lust sich ihm entfalte.
Noch fleh' ich, Königin, die, was du willst, auch
Vermagst, dass unversehrt du ihm erhaltest
Nach so erhabnem Anschaun sein Verlangen.
Dein Schutz besieg' in ihm die ird'sche Regung!
Sieh, wie Beatrix mit so vielen Sel'gen
Für mein Gebet zu dir die Hände faltet!«
(Dante Alighieri, „Die Göttliche Komödie", Gesang 33, dritter Teil)

O Isis, Mutter des Kosmos, Wurzel der Liebe, Stamm, Knospe, Blatt, Blüte und Samen alles Existierenden. Dich, naturalisierende Kraft beschwören wir. Wir rufen die Königin des Raumes und der Nacht, und ihre Liebesaugen küssend, den Tau ihrer Lippen trinkend, den süßen Duft ihres Körpers atmend, rufen wir aus:

O Isis, ewige Wesenheit des Himmels, Urseele, die Du bist, was war, und was sein wird, der kein Sterblicher jemals den Schleier gelüftet, sei es, dass Du unter den strahlenden Sternen des nächtlichen und tiefen Wüstenhimmels Dich befindest, so werden wir Dich mit der Reinheit des Herzens und in der Flamme der Schlange rufen. (Gnostisches Ritual)

Heil der Mutter Kundalini, die durch ihre unendliche Gnade und Kraft den Schüler gütig von Chakra zu Chakra führt und seinen Verstand erleuchtet, damit er seine Identität mit dem Höchsten Brahman erfährt! Möge ihr Segen auf uns allen liegen! (Sivananda)

War Äneas etwa nicht der Sohn des Helden Anchises und der Göttin Venus? Wie viele Male zeigte sich die göttliche Mutter den Trojanern geneigt und ließ ihnen auch den Willen Jupiters (des solaren Logos), des Vaters der Götter und der Menschen, zugunsten kommen.

Oh Äolus! Herr des Windes! Du, der du die Macht hast die Wellen des unermesslichen Meeres zu beruhigen und in Aufruhr zu versetzen. Du, der du einen Teil der trojanischen Flotte in den stürmischen Wellen versenkt hast, sage mir: Was wärst du ohne deine göttliche Mutter Kundalini? Woher würdest du solch eine große Macht nehmen?

Oh Neptun! Herr der erhabenen Tiefen des Meeres, du, großer Gott, vor dessem göttlichen Blick die Winde fliehen und sich die rasenden Elemente beruhigen, kannst du etwa leugnen, dass du eine Mutter hast? Oh Herr der Tiefen! Du weißt sehr gut, dass du ohne sie diesen wunderbaren Dreizack, der dir die Macht über die entsetzlichen Tiefen des Abgrunds verleiht, nicht in deiner Rechten halten könntest.

Oh Neptun! Ehrwürdiger Meister der Menschheit, du, der du den Völkern des untergegangenen Atlantis so weise Gebote gegeben hast, erinnere dich, großer Herr, an uns alle, die wir dich lieben.

Wenn der Aquilon (Nordwind) die Wellen bis zum Himmel erhebt und einige Schiffsbrüchige sich bis zu den Sternen erhoben sehen, während andere sich im Abgrund versunken fühlen, bleibt keine andere Hoffnung als deine Barmherzigkeit.

Der Notos schmettert die Schiffe gegen Klippen, die in der Tiefe verborgen sind und der Euros wirft sie gegen die Küsten, vergräbt sie im Sand oder zerbricht sie an den Felsen, aber du, Herr Neptun, rettest viele schwimmende Menschen und dann wird alles still.

Die Grotten, wo die Meeresnymphen an mysteriösen Orten leben, bewahren die Erinnerung deiner Werke, oh großer Gott.

Ihr, die ihr die Gefahren des stürmischen Meeres des Lebens kennengelernt habt, den fürchterlichen Zorn der Skylla der brüllenden Klippen, die Felsen der wachenden Zyklopen, den harten Weg, der zum Nirvana führt und die Gefechte von Mara, dem Versucher mit seinen drei Furien, begeht niemals das Verbrechen der Undankbarkeit. Vergesst niemals eure heilige Mutter.

Selig sind diejenigen, die das Mysterium ihrer eigenen göttlichen Mutter verstehen. Sie ist die Wurzel ihrer eigenen Monade. In ihrem unbefleckten Schoß entsteht das Kind, das sie in ihren Armen hält, unser innerer Buddha.

Venus, die von den höchsten Gipfeln herabgestiegen ist, hat sich als Jägerin verkleidet um ihren Sohn Äneas, den trojanischen Helden, zu besuchen, mit der Absicht, ihn nach Karthago zu schicken, wo die Königin Dido erfolgreich herrschte, die sich aus Leidenschaft umgebracht hat, nachdem sie der Asche von Sychaeus Treue geschworen hatte.

Die Anbetungswürdige hat die Macht, sich in der physischen Welt sichtbar und berührbar zu machen, wenn sie will. Oh unwissende Sterbliche! Oh mein Gott, wie viele Male wurdet ihr von eurer göttlichen Mutter besucht und doch habt ihr sie nicht erkannt.

Wie glücklich warst du, oh berühmter Bürger des stolzen Ilium (Troja), als deine anbetungswürdige Mutter dich mit ihrer schützenden Wolke verhüllte, um dich unsichtbar zu machen.

Ihr, die ihr magische Kräfte begehrt, wisst ihr etwa nicht, dass eure heilige Mutter allmächtig ist?

Oh meine Herrin, nur der Sänger Iopas mit seiner langen Haarpracht und seiner goldenen Zither könnte deine Güte besingen!

Paralleluniversen

Eine gewagte Hypothese sagt, dass ein Phantomuniversum, ähnlich dem unseren, existiert. Es existiert nur eine sehr schwache Wechselwirkung zwischen den beiden Universen, somit sehen wir diese andere Welt, die sich mit unserer mischt, nicht.

Der wissenschaftliche revolutionäre Gnostizismus geht in dieser Frage viel weiter, er bestätigt ausdrücklich die harmonische Koexistenz von unendlich vielen Paralleluniversen.

Die radikale Ausschließung dieses transzendentalen wissenschaftlichen Konzeptes würde eine beachtliche Reihe von nicht klassifizierbaren Tatsachen ohne logische Erklärung hinterlassen, wie mysteriöses Verschwinden, usw.

An den duftenden und herrlichen Ufern des Flusses, der glücklich und fröhlich singend durch den tiefen Dschungel eines tropischen Gebietes Südamerikas floss, beobachtete eine Gruppe von unschuldigen Kindern entsetzt, wie ihre eigene Mutter verschwand. Sie schwebte für einige Momente in der Luft und tauchte dann anscheinend in eine andere Dimension ein.

„An einem Sommertag 1809 befand sich Benjamin Bathurst, der englische Botschafter am österreichischen Hof, in einer kleinen Stadt in Deutschland. Seine Karosse hielt vor einem Gasthaus an. Der Botschafter stieg aus und ging einige Schritte. Die Pferde verdeckten seine Gestalt für einen Moment und der Gastwirt sowie seine Dienstboten und einige Reisende, die sich dort befanden, verloren ihn aus den Augen. Er tauchte nie wieder auf."

In diesen unglücklichen Tagen unseres Lebens vervielfacht sich das mysteriöse Verschwinden von Männern, Frauen, Kindern, Schiffen, Flugzeugen, usw., auf skandalöse Weise, obwohl die Geheimdienste es sich theoretisch nicht leisten können, Mysterien auf diesem Gebiet zu erlauben, da sie wunderbare Radar- und Funkgeräte haben,

Das Konzept der Paralleluniversen ist auf jeden Fall genauer und wissenschaftlicher, als die berühmten subjektiven Ebenen des reaktionären Pseudo-Okkultismus. Eine eingehende Analyse würde uns zu der logischen Schlussfolgerung führen, dass solche Universen nicht nur in den höheren Dimensionen des Raumes existieren, sondern auch in den niederen Infradimensionen.

Es ist keineswegs absurd, eindeutig zu behaupten, dass in jedem Paralleluniversum eine Reihe von Universen existieren, die Atome, Moleküle, Partikel, Zellen, Organismen, usw., genannt werden.

Lieber Leser, bitte reflektiere und verstehe; wir sprechen hier nicht über Universen aus Antimaterie, das ist etwas völlig verschiedenes. Die Antimaterie gehorcht genau den gleichen Gesetzen wie unsere Materie aber die elektrische Ladung der Teilchen, aus denen sie zusammengesetzt ist, ist umgekehrt, wie die der Materie, die wir kennen.

Im Schoß der kosmischen Mutter existieren Millionen von Galaxien, die aus Antimaterie bestehen, aber auch sie haben ihre Paralleluniversen.

Kein Physiker ignoriert, dass dieses Universum (in dem wir leben, uns bewegen und sterben) dank bestimmter Konstanten existiert: die Lichtgeschwindigkeit, die Konstante von Planck, die Zahl von Avogadro, die Elementarladung, das Elektronvolt, der Energie eines Körper von 1 kg Masse im Ruhezustand.

Wenn ein Universum vollkommen verschiedene Konstanten besitzt, erweist es sich als fremd und unvorstellbar für uns. Aber wenn die Unterschiede nicht so groß sind, werden Interferenzen mit unserer Welt möglich. Die modernen Gelehrten haben einen erstaunlichen magischen Spiegel erfunden: den Protonenbeschleuniger.

Die Szenen in unserem benachbarten Paralleluniversum, das sich in der vierten Dimension befindet, wirken sicherlich erstaunlich. Das außergewöhnliche Verhalten eines bestimmten mysteriösen Teilchens namens Meson K führt zu Ratlosigkeit, Unentschlossenheit und Unsicherheit.

Die drei chinesischen Wissenschaftler Lee, Yang und Mrs. Wu, die in den Vereinigten Staaten leben und arbeiten, stellten mit Überraschung und Erstaunen fest, dass das Gesetz der Erhaltung der Parität von den Meson-K-Partikeln nicht erfüllt wird. Diese bewundernswerte, erstaunliche und bedeutungsvolle Entdeckung hat gezeigt, dass sich das Meson K auf seltsame Weise verhält, weil es von den wunderbaren und außergewöhnlichen Kräften eines Paralleluniversums gestört wird.

Die modernen Wissenschaftler kommen der vierten Dimension gefährlich nahe und versuchen sogar sie mithilfe des Neutrinos zu durchdringen.

Das Neutrino ist wunderbar, bewundernswert, atemberaubend, es besitzt die Fähigkeit, eine unendliche Dicke von Materie ohne nennenswerte Reaktion zu durchdringen.

Die Photonen oder Lichtteilchen können aus dem unveränderlichen Unendlichen kommen, aber ein feines Blatt Papier genügt um sie aufzuhalten. Das Neutrino kann den gesamten Planeten Erde durchdringen, als ob es leerer Raum wäre. Es ist also auf jeden Fall das geeignete Mittel, um in das benachbarte Paralleluniversum einzudringen.

Vor geraumer Zeit hat der berühmte Wissenschaftler Bremo Pontecorvo vorgeschlagen, ein Neutrino-Teleskop zu bauen; seine Idee war erstaunlich und beeindruckend. Mit einem solchen revolutionären optischen Instrument könnte man in das benachbarte Paralleluniversum eindringen.

Es ist bemerkenswert, dass die Mesonen (deren seltsames Verhalten es den chinesischen Wissenschaftlern erlaubte, die Hypothese der Paralleluniversen aufzustellen) bei einer Kernspaltung mit Freisetzung von Neutrinos gewonnen werden.

Die Paralleluniversen durchdringen sich gegenseitig ohne sich zu vermischen, jedes einzelne hat seinen Raum, der nicht zu unserem Bereich gehört.

Der revolutionäre wissenschaftliche Gnostizismus geht weit über die einfachen Hypothesen und Vermutungen hinaus und bestätigt feierlich die Existenz der Paralleluniversen.

Die Schüler des Esoterismus brauchen eine spirituelle kulturelle Revolution. Dieses Thema der Ebenen und Unterebenen ist eine Sache, die niemals klar und objektiv war und nur zu Verwirrung geführt hat. Es ist dringend notwendig, den esoterischen Wortschatz zu ändern. Ein neues okkultistisches Vokabular ist notwendig, eine spezielle revolutionäre Sprache, die genau der Ideologie des Wassermannzeitalters entspricht.

Anstelle der oben erwähnten „metaphysischen Ebenen“ und so vieler hochtrabender Theorien ist es besser, über „Paralleluniversen“ zu sprechen.

Die Rune Fa

Geliebter Leser:

In unseren vorherigen Weihnachtsbotschaften verkündeten wir feierlich, dass das arme intellektuelle Tier nur eine Puppe ist, in der sich das, was man Mensch nennt, bilden und entwickeln soll.

Das solare Feuer ist nötig, um in uns selbst diese Möglichkeit Mensch zu werden, zu erschaffen und zu entwickeln.

Fohat ist die schöpferische Kraft, das zentrale lebendige und philosophische Feuer, das den authentischen und legitimen Mutanten, den wahren und realen Menschen, in der kosmischen Biologie des rationalen Tieres hervorbringen kann.

Es gibt viele Arten von Feuer. Denken wir an die Lichter der Sankt-Elms-Feuer (Eliasfeuer), die bei Unwetter auftreten können. Es ist gut, sich an jene mysteriöse Feuersäule zu erinnern, die die Israeliten nachts in der Wüste führte. Es ist nützlich, sich an die seltsamen Meteore auf den Friedhöfen zu erinnern, die die Physik auf ihre Art unten dem Namen Irrlicht katalogisiert hat. Es existieren viele Erinnerungen an Blitze in Form von Kugeln, wie Katzen-Meteore, usw.

H. P. Blavatsky bezieht sich in ihrem monumentalen Werk mit dem Titel „Die Geheimlehre“, in jenem Satz darauf, der besagt: „Das Chaos der Alten, das zoroastrische heilige Feuer oder Atash-Behram der Parsen.“ Wie unbeschreiblich sind die Worte von H. P. B., wenn sie über das Hermesfeuer spricht.

Die Erklärungen dieser großen Märtyrerin des letzten Jahrhunderts sind bemerkenswert, wenn sie uns an das Hermesfeuer der antiken Germanen erinnert, an den leuchtenden Blitz der Kybele, an die Fackel des Apollo, an die Flamme auf dem Altar des Pan; an die glänzenden Funken

Übung

Wir sollten jeden neuen Tag mit großer Freude begrüßen, und nachdem wir aufgestanden sind, die Arme zur Christus-Sonne, unserem Herrn erheben; wir erheben dabei den linken Arm ein bisschen höher als den rechten und halten die Handflächen in Richtung des Lichtes, in der unvergleichlichen und erhabenen Haltung desjenigen, der wirklich die Sonnenstrahlen empfangen möchte.

Dies ist die heilige Stellung der Rune Fa; in dieser Haltung arbeiten wir mit dem Pranayama, indem wir die Luft rhythmisch und mit viel Glauben durch die Nase einatmen und durch den Mund ausatmen.

Stellen wir uns in diesem Augenblick vor, dass das Licht der Christus-Sonne durch die Finger in uns eintritt, dann durch unsere Arme strömt, unseren gesamten Organismus durchflutet, das Bewusstsein erreicht, es anregt, erweckt und zur Aktivität ruft.

Praktiziert dieses runische Judo auch in den mysteriösen und göttlichen Nächten unter dem Sternenhimmel von Urania in der gleichen Stellung und betet wie folgt:

Wunderbare Kräfte der Liebe, belebt mein heiliges Feuer, damit mein Bewusstsein erwacht: Faaa... Feee... Fiii... Fooo...Fuuu... ...

Dieses kurze und großartige Gebet soll und muss mit ganzem Herzen gebetet werden und so oft man möchte.

Die Penaten

Vier Mal prallte das trojanische Pferd heftig gegen die unbesiegten Mauern und aus seinem monströsen Bauch erklang das metallische Getöse vieler Waffen, aber die Trojaner machten weiter, ohne sich aufhalten zu lassen, verblendet durch einen Gott, der es so wollte.

Dann prophezeite Kassandra; besessen vom Heiligen Geist, mit krampfartigen Bewegungen und zerzaustem Haar sagte sie einen schrecklichen Untergang vorher, aber weil Apollo sie bestraft hatte, wollte natürlich niemand auf sie hören.

Oh du Kassandra mit den wunderbaren Prophezeiungen; wie schrecklich war dein Karma; du wurdest auf grausame, erbarmungslose, unmenschliche und barbarische Weise an den Haaren geschleift, während im Palast des betagten Priamos die wilden und blutrünstigen Achäer die erhabenen Türme zerstörten, die ehrwürdigen Mauern niederrießen und alles mit ihrer mörderischen Bronze entweihten.

Im prächtigen Königspalast des alten Königs füllten sich die herrlichen und stattlichen Räume mit grausamen und erbarmungslosen Soldaten.

Hekabe und ihre hundert verzweifelten Schwiegertöchter rannten wie wahnsinnig durch die Räume und Gänge, und das Blut des betagten Priamos befleckte den sakralen Altar der heiligen Götter mit entsetzlichem Purpur.

Es steht geschrieben, *dass die Götter, wenn sie die Menschen bestrafen wollen, sie diese zuerst verwirren.*

Nutzlos waren die Flüche des verehrten Monarchen, nichtsdestotrotz richtete Pyrrhus seine grausame Waffe gegen den ehrbaren Greis und enthauptete ihn neben dem Altar des Jupiter, dem Vater der Götter und der Menschen.

Ein entsetzliches Schicksal hätte die schöne Helena ereilt, wenn Venus, die heilige Mutter Kundalini von Äneas, den fürchterlichen Arm ihres Sohnes nicht aufgehalten hätte. Sie machte sich sichtbar und fühlbar vor dem trojanischen Helden und schmerzerfüllt sagte sie ihm:

Mein Sohn! Warum dieser Groll? Warum diese Wut? So schnell hast du vergessen die Deinen zu retten? Überall gibt es bewaffnete Griechen, und wenn ich nicht hier gewesen wäre, um über deine Familie zu wachen, wärst du schon längst gestorben.

Glaube nicht, Unglücklicher, dass die Schönheit dieser Spartanerin der einzige Grund war, weswegen eine Stadt vernichtet wird. Schau! Ich werde den Schleier, der deine sterblichen Augen verhüllt, entfernen und du wirst sehen, wer die Imperien zerstört.

Indem sie diese Worte sprach, führte die heilige Mutter Kundalini ihre anbetungswürdige Hand über die schrecklichen Augen ihres Sohnes, des trojanischen Helden und dann veränderte sich alles vor den Augen des rebellischen Adlers.

Die Krieger, die Lanzen, die Belagerungstürme, die Generäle und Berater, alles verschwand wie durch Zauber und an ihrem Platz sah er etwas schrecklich Göttliches; die heiligen Götter schlugen fürchterlich mit ihrer Ägis zu und die unbesiegbaren Mauern des stolzen Ilium fielen mit großem Krachen, Lärm und Getöse.

Die alten Traditionen erzählen, dass der trojanische Krieger auf dem Meer den Gott Neptun sah, der mit seinem stählernen Dreizack eine riesige und tiefe Bresche schlug. Alles, was der Krieger sah, war entsetzlich; der donnernde Jupiter schleuderte seine Blitze aus dem Olymp und Minerva, die Göttin der Weisheit tötete Tausende trojanische Krieger mit ihrem unbarmherzigen Zepter. Und die anbetungswürdige göttliche Mutter Kundalini des Trojaners Äneas sagte:

Du siehst es! Wir selbst sind es, alles ist verloren; so ist der himmlische Beschluss, Troja musste untergehen. Fliehe, mein Sohn, beende deinen Kampf hier. Ich werde dich nicht verlassen und dich sicher bis zu deinem betagten Vater führen.

Und die alten Traditionen erzählen, dass der trojanische Paladin unverzüglich seiner göttlichen Mutter Kundalini gehorchte, er verließ die große Hekatombe und ging zu seinem Heim.

Was er in seinem Haus vorfand, war ein wahres apokalyptisches Drama; Schreie, Klagen, Protestgeschrei seines betagten Vater (dem Oberhaupt der ganzen Familie), der sich entschieden weigerte, das Heim zu verlassen. Verzweifelt wollte Äneas zur Hitze des Gefechtes zurückkehren, trotz der zärtlichen Bitten seiner Frau.

Glücklicherweise griff der göttliche Jupiter, der kosmische Christus ein, indem er ein außergewöhnliches Wunder schickte, das ihn Hoffnung schöpfen ließ.

Das heilige Feuer des Altars sprühte Funken und entzündete das edle Haar seines geliebten Sohnes Askanios und als der Großvater des Kindes, der Vater von Äneas, das Oberhaupt der Familie, das Feuer mit Weihwasser löschen wollte erkannte er den Willen Gottes, er erhob seine zitternden Hände und betete; dann hörte man einen entsetzlichen Donner und eine Sternschnuppe flog über sein Haus und verschwand auf eindruckvolle Weise in Richtung des Berges Ida.

Das genügte, damit sein betagter Vater, der vorher nicht bereit war sein Heim zu verlassen, in dem er so viele Jahre verbracht hatte, sich schließlich entschied, auf alles zu verzichten und mit dem heroischen Krieger, seinem Enkel und seiner ganzen Familie zu fliehen.

Die Legende der Jahrhunderte erzählt, dass der ehrbare Vater von Äneas, bevor er Troja verließ, den Tempel von Ceres, der kosmischen Mutter, betreten musste, um mit tiefer Andacht und göttlichem Schrecken seine Penaten zu holen.

Der heldenhafte General Äneas durfte die sakralen Skulpturen der heiligen verehrten Götter nicht persönlich berühren, weil er viele Männer bekämpft und getötet hatte; erst nachdem er sich mit dem reinen Wasser des Lebens gereinigt hatte, bekam er das Recht diese schrecklich göttlichen Bildnisse zu berühren.

Der Schlaf unzähliger Jahrhunderte liegt auf den antiken Mysterien und die Penaten existieren in den Paralleluniversen weiter. In den feinstofflichen Welten der höheren Dimensionen des Alls können die Hierophanten mit diesen Penaten sprechen, den Regenten von Städten, Ortschaften, Dörfern und Heimen.

Der gesegnete Patron eines Dorfes ist sein Penate oder heiliger Schutzengel; der geheime Rektor jeder Stadt ist seine besondere Gottheit.

Der Schutzgeist jeder Familie ist ihr spiritueller Leiter. All diese Genien oder mysteriösen Jinas einer Familie, Rasse, Nation, eines Stammes oder Klans sind die Penaten der antiken Zeiten, die in den höheren Welten weiter existieren.

Wir haben viele Male mit diesen Penaten, Regenten der antiken klassischen Städte, gesprochen; einige leiden unsagbar, weil sie schreckliche karmische Schulden zahlen.

Odysseus bewachte die reiche Beute, die aufgeteilt werden sollte, die goldenen Kelche, die kostbaren Schmuckstücke von unschätzbarem Wert, die wertvollen Stoffe, usw., er sah den Trojaner Äneas nicht, der in der tragischen Nacht nach seiner Gattin Kreusa rief.

Der Wille der heiligen Wesen erfüllte sich, Troja verbrannte bei dem Holocaust, Kreusa starb, aber Äneas und sein betagter Vater, sein Sohn und viele Leute flüchteten in Richtung Latium und nahmen die Penaten mit sich.

Die Punctas

Sehr tief gehende wissenschaftliche Analysen haben überzeugend, stimmig und stichhaltig bewiesen, dass das Atom keinesfalls das kleinste Teilchen der Materie ist.

Atomphysiker haben das "Dogma des Atoms" geschaffen, und auf unwiderrufliche, unanfechtbare und beharrliche Weise, ächten und verfluchen sie jeden, der versucht, ein wenig weiter zu gehen und belegen ihn mit ihren Verwünschungen und Anathemen.

Wir Gnostiker behaupten nachdrücklich und feierlich, dass Materie sich aus bestimmten definierten Teilchen zusammensetzt, bekannt unter dem Namen Punctas.

Unsere wissenschaftliche Theorie wird in der Tat einen Zwist erzeugen, eine Uneinigkeit unter den Akademikern, aber die Wahrheit muss gesagt werden; wir müssen aufrichtig und ehrlich sein und die Karten endlich auf den Tisch legen.

Innerhalb der Punctas ist der Begriff von Raum etwas, was nicht die geringste Wichtigkeit hat. Obwohl es unglaublich erscheint, ist innerhalb dieser Teilchen der Radius eines der letzten sieben Punkte zweifellos die kürzeste existierende Länge.

Ein großer Weiser, dessen Name ich nicht erwähne, sagte: *Die Punctas ziehen sich an, wenn sie ziemlich weit voneinander entfernt sind, sie stoßen sich ab, wenn sie nahe beieinander sind. Dann bei einer bestimmten Entfernung findet wieder eine Abstoßung statt.*

Gründliche Untersuchungen mit meinem vollkommen entwickelten räumlichen Sinn erlaubten mir zu beweisen, dass die Punctas eine schöne goldene Farbe besitzen. Die direkte mystische Erfahrung hat mir erlaubt, klar zu beweisen, dass die interaktiven Bewegungen der Punctas sich gemäß der Theorie der modernen Wellenmechanik abspielen.

Rückkehr und Transmigration

Antike Legenden erzählen, dass Äneas, der Trojaner, für eine Zeit mit seinen Leuten in den Wäldern von Ida Schutz suchte, bis die Griechen das alte Troja verließen.

Als die Hellenen die heroischen Ruinen des stolzen Ilion verließen, errichtete Äneas seine Flotte und verließ weinend das heimatliche Ufer und die einsame Ebene, wo die alte Zitadelle angesiedelt war, die nun als Berg schwarzer Ruinen da lag.

Der Wind blähte die süßen Segel im Licht des Vollmondes, das Ruder kämpfte mit dem sanften Marmor und der Held mit seinen Schiffen und seinen Leuten erreichte die Küsten von Thrakien, einem rauen Land, wo er hoffte, ein gastfreundliches Land zu finden, da die Thraker Verbündete des betagten Priamos waren.

Die Geschichte der Jahrhunderte erzählt, dass Äneas im rauen Land der Thraker eine Stadt gründete, der er den Namen Äneade gab.

Als die Trojaner Jupiter, dem kosmischen Christus, ein Opfer darbrachten, zeigte sich genau in dem Moment, in dem sie sich vorbereiteten, um das Feuer zu entzünden und den weißen Stier zu opfern, ein außergewöhnliches Zeichen. Aus den Zweigen, die sie für das Feuer geschnitten hatten, kam anstatt Saft schwarzes verdorbenes Blut, das die Erde befleckte.

Äneas erstarrte vor Schreck und betete zu den erhabenen Göttern jenes Omen zugunsten seines Vorhabens zu wenden. Der Held erzählt, dass er weitere Zweige des gleichen Baumes zerbrach, aber aus allen tropfte Blut, bis er, nach seinen eigenen Worten, eine tiefe Stimme hörte, die aus den Wurzeln der Pflanze zu kommen schien und die sagte:

Äneas! Warum zerreißt du mich? Respektiere einen Unglücklichen und begehe nicht die Grausamkeit mich zu foltern. Ich bin es, Polydoros, der von seinen Feinden genau an diesem Ort durchbohrt wurde und die Eisen, die sie in meinen Körper gestoßen haben, spießten und erschufen eine Pflanze, die statt Dornen, stählerne Spieße hervorbringt.

Die Legenden erzählen, dass auf diesem Erdhügel, in dem die Wurzeln des Baumes verankert waren, Äneas der Seele des Toten einen Altar weihte und ein Opfer von Wein und Milch vergoss.

So feierte man das Begräbnis des Polydoros, des gefallenen Kriegers, der in einer grausamen Schlacht getötet wurde.

Seit der Antike in Arkadien, als man noch die Götter der vier Elemente des Universums und die Naturgötter des zarten Maises verehrte, ignorierten die alten, in Weisheit ergrauten Hierophanten niemals die Vielfältigkeit des Ichs.

Ist es dann verwunderlich, dass eine dieser vielen Einheiten, die das Ego bilden, sich mit so viel Eifer an das Leben klammerte, dass sie in einem Baum wiedergeboren wurde?

Es kommt mir jener Fall des Freundes von Pythagoras in den Sinn, der sich in einem armen Hund wiederverkörperte.

Hilft man nicht auch den Zentauren? Was erzählen uns die Legenden der Jahrhunderte?

Diese epischen Krieger, die aus Liebe zu ihren Leuten und ihrer Heimat blutend zwischen den Helmen und Schilden der glorreichen Toten gestorben sind, erhalten eine wohlverdiente besondere Hilfe, wenn sie in diese Welt zurückkehren.

Mit fürchterlichen Worten steht geschrieben, dass die Zentauren einen Teil ihrer selbst, ihres geliebten Egos auslöschen, bevor sie in dieses Tal der Tränen zurückkehren.

Dass sich das am wenigsten Bösartige im menschlichen Körper wiederverkörpert und das eindeutig Kriminelle in das Krematorium der Höllenwelten kommt, ist Gesetz der Zentauren.

Dante, der alte mit Lorbeer gekrönte Florentiner, traf viele Zentauren im Abgrund. Erinnern wir uns an Cheiron, den alten Lehrer des Achilles und an den jähzornigen Pholos.

Das große mit glühenden Kohlen geschriebene Buch der Natur sagt mit erschreckender Klarheit: *Viele Teile des Egos gehen verloren vor der*

Rückkehr in diese Welt. Viele psychische Aggregate des „mich selbst" verkörpern sich in Organismen von Bestien, andere klammen sich verzweifelt an die Zweige von Bäumen, (wie Polydoros) und schließlich gibt es bestimmte subjektive Elemente des Ich, die ihre Involution im unteren Mineralreich fortsetzen.

Transmigration ist zweifellos etwas sehr Ähnliches, wenn auch sehr unterschiedlich und mit tieferen Wurzeln.

In den fürchterlichen Flammen des Lebens gibt es Personen, die so bestialisch sind, dass nichts übrig bleiben würde, wenn man alles Grobe aus ihnen entfernen würde. Es ist notwendig, dass jene Kreaturen im Inneren der Erde zu Staub verwandelt werden, damit die Essenz, die Seele, sich befreit.

Die Legenden erzählen, dass Capaneus, einer der sieben Könige, die Theben belagerten, im Abgrund hochmütig rief:

Wie ich lebend war, so bin auch tot ich.
Mag Jupiter auch seinen Schmied ermüden,
Von dem im Zorn den scharfen Blitz er nahm,
Womit am letzten Tag er mich durchbohrte;
Mag er die andern nach der Reih' ermüden
Dort in des Mongibello ruß'ger Werkstatt,
Ausrufend: Hilf Vulkan, mein Guter, hilf mir!
Wie in der Schlacht von Phlegra er gethan;
Mag auch aus aller Macht sein Blitz mich treffen,
Doch soll er seiner Rache nicht sich freun!

Im Inneren dieser leidvollen Welt, in der wir leben, existieren entsetzliche Involutionen. Dorthin hat die göttliche Gerechtigkeit Attila geworfen, der ihre Geißel auf Erden war, ebenso Pyrrhus und Sextus, denen das kochende Blut ewig Tränen aus den Augen presst.

„Wenn du dorthin gelangst, wirst du unerträgliches Leid erdulden müssen und du hast keine Möglichkeit, dem zu entkommen."

Homer sagte: *„Es ist besser ein Bettler auf Erden zu sein, als ein König im Reich der Schatten."*

Der Abstieg in die finsteren Welten ist deswegen eine Reise zurück auf dem Pfad der Involution, ein Absinken in immer größere Dichte, Finsternis, Starre und in eine unvorstellbare Zeit der Langeweile. Ein

Natur manifestiert, ist sie die keusche, angebetete und gepriesene Diana. Der dritte Aspekt von Prakriti ist die gesegnete Mutter Göttin-Tod, Schrecken von Liebe und Gesetz; die schreckliche Hekate, Proserpina, Königin der Unterwelt.

Zwei weitere Entfaltungen von Prakriti führen uns zum negativen Aspekt der Natur, dem Unerwünschten, dem, was keinesfalls vorteilhaft für uns wäre, dem Reich des Schreckens und der schwarzen Magie.

Es steht geschrieben, dass alle diese Entfaltungen von Prakriti sich im Mikrokosmos Mensch wiederholen. Das Grundlegende sind die drei höheren Aspekte von Prakriti und mit diesen müssen wir lernen zu arbeiten.

Die Revolution des Bewusstseins wäre ohne die spezielle Hilfe unserer eigenen anbetungswürdigen göttlichen Mutter unmöglich.

Sie ist in sich selbst unser eigenes Sein, die Wurzel unseres göttlichen Geistes, seine Ursache, sein Ursprung.

„Sie ist Isis, deren Schleier kein Sterblicher je lüftete und mit der Flamme der Schlange rufen wir sie."

Viele Pseudo-Esoteriker und Pseudo-Okkultisten haben Sivananda gelesen. Zweifellos war dieser Mann wirklich ein Guru-Deva, der sehr intensiv für die leidende Menschheit gearbeitet hat. Ich gestehe, dass mir sein Hatha Yoga in Wirklichkeit niemals gefallen hat. Diese Art von Kunststücken kamen mir immer wie Zirkusnummern vor. Es ist mir noch nie untergekommen, dass jemand sich selbstverwirklicht, indem er sich in einen Akrobaten verwandelt.

Andererseits sollte man wissen, dass der oben genannte Yogi im Geheimen sehr intensiv mit dem Tantra-Yoga gearbeitet hat. Es scheint, als ob er das Hatha Yoga nur als Köder benutzt hat, um im Fluss des Lebens zu fischen.

Ich freue mich, unseren lieben Lesern mitzuteilen, dass der Guru-Deva Sivananda während eines Maha-Samadhi (Ekstase) freudig desinkarniert ist. Ich habe ihn im Paralleluniversum der fünften Dimension getroffen. Ich bin sehr glücklich bestätigen zu können, dass dieser Mann seine solaren Körper in der feurigen Schmiede des Vulcanus gebildet hat.

Es war für mich eine außergewöhnliche Überraschung, bestätigen zu können, dass dieser Meister vor seinem Tod bereits in sich selbst gestorben war.

Sivananda arbeitete intensiv am großen Werk des Vaters. Es handelt sich um einen Guru-Deva im wahrsten Sinne des Wortes.

Unser Treffen war sehr einzigartig, es fand in einem herrlichen Raum statt, wo ich meine Pflicht zu lehren erfüllte.

Plötzlich trat der große Yogi ein und sagte, als ob er mich beschuldigen wollte: *„Ihr vulgarisiert die Doktrin.“*

Es ist offensichtlich, dass er sich auf die Verbreitung des Maithuna (Tantra-Yoga) unter den Laien bezog.

Es ist klar, dass ich nicht still blieb. Meine Antwort war aufrichtig und ehrlich; da ich der virilen Bruderschaft angehöre, konnte es nicht anders sein. Ich drückte mich auf energische Art aus, indem ich sagte: *„Ich bin bereit, alle Fragen zu beantworten, die mir hier vor allen und in diesem Raum gestellt werden“.*

Aber der Guru-Deva Sivanada, der Gegner jedes Streits ist, bevorzugte es, sich in die heilige buddhistische Stellung zu begeben und sich sogleich in tiefe Meditation zu versenken.

Ich fühlte den Verstand dieses Yogis innerhalb meiner eigenen geheimsten Winkel, dieser Mann tauchte ein, suchte, forschte in meinen intimsten Tiefen. Zweifellos wollte Sivananda mit meinem wahren Sein sprechen, dessen geheimer Name Samael ist, und er hat es erreicht.

Ich war erstaunt und konnte nicht umhin auszurufen: *„Sivanada, du bist ein wahrer Samyasin der Gedanken!“*

Der Guru-Deva erhob sich im Zustand der Ekstase und umarmte mich, er hatte den revolutionären Plan unserer Doktrin verstanden und rief aus: *„Jetzt stimme ich mit dir überein und ich werde der ganzen Welt sagen, dass sie deine Werke lesen sollen.“*

Später ergänzte er: *„Ich kenne deine Mutter* (er bezog sich auf meine eigene göttliche Mutter), *ich sah sie sehr gut gekleidet, sie trägt einen weißen Mantel, der bis zu den Füßen reicht.*

Das Gespräch war großartig und es ereigneten sich noch einige andere Dinge, die ich hier nicht erwähne, weil sie nicht in dieses Kapitel passen.

Üben wir die Rune Is und meditieren wir über unsere göttliche Mutter Kundalini.

Übung

In aufrechter Position stehend, heben wir die Arme um eine gerade Linie mit dem ganzen Körper zu bilden, und nachdem wir unsere heilige Mutter angerufen und um Hilfe gebetet haben, singen wir das Mantram Isis folgendermaßen:

Iiiiiiissssssss......... Iiiiiiiisssssss.......

Wir verlängern den Ton der beiden Buchstaben und teilen das Wort in zwei Silben. Is-Is.

Danach sollte sich der Schüler mit entspanntem Körper und im Zustand der Ekstase hinlegen, sich konzentrieren und über die heilige Mutter meditieren.

Das kosmische Ei

Einstein, der berühmte Autor der Relativitätstheorie, erschuf am Anfang des 20. Jahrhunderts in seinem genialen Verstand ein gekrümmtes, endliches Universum, geschlossen wie ein Ei.

Wir erinnern uns noch immer an jenen ungeheueren Ausruf dieses außergewöhnlichen Mannes, als er sagte: „Die Unendlichkeit tendiert zu einem Ende."

Niemand ignoriert, dass Edwin Hubble später mit großem Erstaunen im berühmten Observatorium von Mount Wilson entdeckte, dass alle Galaxien, die sich im unendlichen All befinden, sich mit unglaublicher Geschwindigkeit voneinander entfernen.

Diese Tatsache an sich ist unbestreitbar, leider konnte Georges Lemaitre das nicht verstehen und auf der Suche nach Ursachen gelangte er zu falschen Schlussfolgerungen.

„Wenn das Universum sich kontinuierlich ausdehnt (erklärte er absurderweise), *so ist es, weil es irgendwann eine Explosion gab, von einem Zentrum aus, von einem ursprünglichen Atom aus."*

Lemaitre mit seinen fehlerhaften Berechnungen glaubte fest daran, dass dieser ursprüngliche Kern einen kleinen, unbedeutenden Durchmesser hatte; nur die Entfernung von der Erde zu Sonne, d. h. 150 Millionen Kilometer. Proportional gesprochen sicher winzig, stellen wir uns für einen Augenblick das unendliche All vor …

Dieser ursprüngliche Kern hätte nach Lemaitre eine so entsetzliche Dichte, dass allein die Nähe der Atome die Temperatur begreiflicherweise auf Hunderte Millionen Grade über Null ansteigen ließe.

Bei dieser unvorstellbaren Temperatur, so die Theorie, wäre die befreite Atomenergie so groß und die kosmische Strahlung so intensiv, dass am Ende alles auseinanderdriften würde und dann eine gewaltige

Explosion folgen würde, wie beim Ausbruch eines entsetzlichen riesigen Vulkans.

Das alles ist wunderbar, aber wer hat dieses kosmische Ei gelegt? Was gab es davor? Warum sollte die kosmische Explosion genau in diesem mathematischen Augenblick stattfinden und nicht davor und nicht danach? Worauf basiert eine solche Theorie?

Wer war Augenzeuge einer solchen Hypothese?

Wir Gnostiker verstehen sehr wohl, dass die Galaxien sich voneinander entfernen, das ist schon bewiesen, aber das bedeutet nicht zwangsläufig, dass sie alle demselben Kern entstammen.

Einstein sagte: *„Masse verwandelt sich in Energie."* Und alle Weisen der Welt verbeugten sich ehrfürchtig vor dieser gewaltigen Wahrheit. Der große Mathematiker sagte auch: *„Energie verwandelt sich in Masse"*, und niemand konnte dieses Postulat widerlegen.

Es gibt keinen Zweifel daran, dass *„Energie gleich Masse mal Lichtgeschwindigkeit zum Quadrat ist"*.

Diese weisen Postulate zeigen uns, dass die Masse aller Universen unendlich und unveränderlich ist; etwas verschwindet hier, um dort wieder aufzutauchen, in einer Art Fluss und Rückfluss, Aktivität und Ruhe, Tag und Nacht. Die Welten werden geboren, wachsen, altern und sterben; sie hören auf zu existieren, um sich in Energie umzuwandeln und später wieder aufzuerstehen, wiedergeboren zu werden, wenn diese Energie sich wieder in Masse kristallisiert.

Bei der retrospektiven Darstellung all der sieben Kosmen, die im unendlichen All wirbeln und pulsieren, existiert keine Stunde Null als gemeinsame Wurzel für alle zusammen. Ich stelle klar, wenn ich in diesem konkreten Fall *gemeinsame Wurzel* sage, beziehe ich mich auf das Konzept Zeit als Stunde Null.

Das bedeutet nicht, dass wir die Stunde Null grundsätzlich ablehnen. Für jedes einzelne Universum existiert eine Stunde Null; das ist normal für den präkosmischen Zustand jedes Sonnensystems.

In anderen Worten gesagt, jedes Sonnensystem des unveränderlichen Unendlichen hat seine Mahamvantaras und Mahampralayas, d. h. seine kosmischen Tage und Nächte, seine Epochen der Aktivität und der Ruhe.

In dieser Galaxie, in der wir leben, uns bewegen und wo wir unser Sein haben, existieren Millionen von Sonnensystemen, und während einige sich in ihrer Stunde Null befinden, sind andere in voller Aktivität.

Die Zeiten der Aktivität und der Ruhe, der kosmischen Tage und Nächte, wiederholen sich auch im Menschen und im Atom, in allem, was war, was ist und was sein wir.

Die modernen Wissenschaftler versuchen, alle diese Dinge ausschließlich durch die Naturgesetze zu erklären. Es ist allerdings lächerlich, die intelligenten Prinzipien jener Gesetze ausschließen zu wollen. Jede Welt des sternenbesäten Raumes hat ihr Fohat, das in seinem eigenen Wirkungsbereich allgegenwärtig ist.

Zweifellos können und müssen wir nachdrücklich bestätigen, dass es so viele Fohats gibt, wie es Welten gibt; jedes einzelne von ihnen ist verschieden in Macht und Grad der Manifestation.

Es existieren Millionen, Billionen und Trillionen von Fohats, diese sind bewusste und intelligente Kräfte. Eigentlich sind die Fohats die Erbauer, die Kinder der Morgenröte des Mahamvantara (kosmischer Tag), die wahren kosmischen Schöpfer.

Unser Sonnensystem, dass durch diese Vermittler ins Leben gerufen wurde, ist aus sieben Paralleluniversen aufgebaut.

Fohat ist daher die elektrische personifizierte vitale Kraft, die transzendentale Einheit, die alle kosmischen Energien verbindet, sowohl in unserer dreidimensionalen Welt als auch in den Paralleluniversen der höheren und niederen Dimensionen.

Fohat ist das fleischgewordene Wort, der Botschafter der kosmischen und menschlichen Ideenbildung, die aktive Kraft im universalen Leben, die solare Energie, das elektrische vitale Fluidum.

Fohat wird „der, der eindringt“ und „der Erbauer“ genannt, weil Fohat durch die Punktas den Atomen, die aus der ungeformten Materie stammen, eine Form gibt. Die Mathematik, das Heer der Stimme, das große Wort sind im Fohat verborgen.

Jede Erklärung der kosmischen Mechanik, die das Noumenon hinter dem Phänomen ausschließt, das Fohat hinter jeder Kosmogenesis erweist sich als so absurd, wie anzunehmen, dass ein Auto durch *„spontane Erzeugung“* entstehen könnte, als Zufallsprodukt, ohne spezielle

Fabrik, ohne Ingenieure, ohne Mechaniker, usw. Die Flugbahn der Galaxien zeigt niemals an, dass sie ihren Ursprung oder Ausgangspunkt in einem solch kleinen Kern, wie dem *„hypothetischen Ei"* des Lemaitre, haben.

Der Beweis dafür ist, dass der Streuwinkel immer zwischen 20 und 30 Grad variiert, d. h. sie könnten einen riesigen Abstand zum vermeintlichen Zentrum gehabt haben.

Das Orakel des Apollo

Nach der prächtigen und religiösen Beerdigung des Polydoros, des epischen Kriegers, der ruhmreich zwischen Helmen und Schilden in blutigem Kampf gefallen war, fuhr Äneas der Trojaner mit seinen Schiffen und seinen Leuten über das stürmische und schreckliche Meer und bald kam er zum Land von Delos, einem Land mit vielen hyperboreanischen Überlieferungen; dort konsultierte er mit der brennenden Flamme des Glaubens das Orakel von Apollo, das weise auf hartem Felsen erbaut war.

Herodot erzählt im Buch IV, Kapitel XXXII und XXXIV, dass *die Hyperboräer, die antiken Vorfahren der Lemurer, regelmäßig ihre heiligen Opfer nach Delos schickten, eingewickelt in Weizenbündeln.* Die heilige Reiseroute jener verehrten Opfer war genau gewählt. Zuerst wurde das Land Skythien durchquert und danach ging es weiter Richtung Westen bis zum adriatischen Meer, auf der gleichen Route, auf der Bernstein von der Ostsee bis zum wasserreichen Fluss Po, auf der italienischen Halbinsel, transportiert wurde.

Die Dodonäer waren die ersten unter den Griechen, die die Opfergaben der Hyperboräer erhielten. Danach gingen sie von Dodona hinunter bis zum Golf von Malia und dann weiter bis Euböa und Karystos.

Antike Legenden, die sich in der Nacht der Jahrhunderte verlieren, erzählen, dass diese heiligen nordischen Opfer ihre Reise von Karystos aus fortsetzten, ohne Andros nahezukommen und dass die Karystier sie von diesem Ort bis nach Tenos und später nach Delos brachten.

Weise fügten die Leute von Delos hinzu, dass die Hyperboräer den schönen und unschuldigen Brauch hatten, ihre heiligen göttlichen Opfergaben durch die Hände von zwei bezaubernden und erhabenen Jungfrauen zu senden.

Eine von ihnen nannte sich Hyperoche und die andere Laodice.

Die heiligen Schriften sagen, dass fünf Eingeweihte oder Perphereer diese heiligen, bezaubernden und erhabenen Frauen begleiteten, um sie auf ihrer gefährlichen und sehr langen Reise zu beschützen. Aber alles war vergeblich, weil jene heiligen Männer und die zwei erhabenen Sibyllen im Land Delos ermordet wurden, als sie ihre Mission erfüllten.

Viele geliebte und schöne Jungfrauen der Stadt schnitten vor ihrer Hochzeit schmerzerfüllt ihr Haar ab und legten ihre Locken um eine Spindel gewickelt auf das Monument, das zu Ehren jener heiligen Opfer errichtet wurde, die, wie man erzählt, in Begleitung der Götter Arthemis und Apollo gekommen waren.

So kam Aeneas nach Delos, einem höchst verehrten Ort, einem Ort archaischer Legenden der Hyperboräer, die wie kostbare Edelsteine in der Tiefe der Zeit verborgen sind.

Zu Boden geworfen, den Staub der Jahrhunderte schluckend, flehte er im heiligen Raum zu Apollo, dem Gott des Feuers, und bat ihn mit schmerzerfülltem Herzen, die Stadt zu beschützen, die er gründen wollte, das zweite trojanische Pergamon.

Die Geschichte erzählt, dass dieser berühmte Mann Apollo konsultierte, um ihn nach dem Ort zu fragen, an dem er sich niederlassen sollte. Dann erbebte die Erde fürchterlich. Der Held und sein Volk warfen sich von einer mysteriösen Angst erfüllt zu Boden und hörten die schreckliche Stimme von Phöbus Apollo, die sagte:

„Dardanos' hartes Geschlecht, um euch dauerhaft niederzulassen, müsst das Land ihr suchen, das euch von der Ahnherrn frühestem Stamm her trug, das soll in fruchtbarem Schoße euch heimkehrend empfangen; von hier wird des Äneas Haus an allen Gestaden herrschen, die Söhne der Söhn' und die von diesen entsprossen.“

Der epische Anführer erzählt, dass nachdem er das Orakel von Apollo angehört hatte, er voller Sorge überlegte, welches das Land seines Ursprungs sein könnte, aber sein greiser Vater, der sich lebhaft an die alten Traditionen der Familie erinnerte, sagte:

„Höret, Anführer, worauf wir hoffen dürfen. Die Wiege unseres Stammes ist Kreta, eine Insel, die sich mitten im unermesslichen Meer befindet. Sie ist bevölkert mit mächtigen Städten, die gleichzeitig reiche Staaten sind.

Aus Kreta kam zu uns, den Trojanern, der Kult von Kybele (der göttlichen Mutter Kundalini) mit ihrem Wagen, der von Löwen gezogen wurde; und auch die Bronze und andere Künste, die die Menschen mächtig machte.

Lasst uns darum nach Kreta gehen, das nicht weit entfernt ist, denn wenn Jupiter (der Christus) uns gute Winde schickt, sind wir in drei Tagen dort.

Es kam uns das Gerücht zu Ohren, sagte Äneas, *dass der König von Kreta, Idomeneus, der unser Feind war, da er in Troja an der Seite der Archäer kämpfte, die Insel verlassen hat, und durch seine Abwesenheit wird unsere Ankunft in diesem Land sehr viel günstiger.*

Mit hoffnungsvollem Herzen, fuhr Äneas fort, *gingen wir an Bord, unsere Seefahrer strebten mit Gewandtheit und Schnelligkeit voran.*

Manchmal rudernd, manchmal segelnd, durch günstige Winde von achtern angetrieben, landeten wir ohne Unannehmlichkeiten in Kreta, und dort gründete ich eine weitere Stadt, die ich in Gedenken an unsere alte Zitadelle Pergamon nannte.“

Und jenes heldenhafte und schreckliche Volk, geführt von Äneas, dem berühmten trojanischen Paladin, wäre auf dieser Insel endgültig sesshaft geworden, wenn nicht eine bösartige und unglückselige Seuche ihn gezwungen hätte, zu überlegen, wieder aufs Meer zu fahren und andere Länder zu suchen.

Durch diese ungesunde Luft voller Verwesung und Zersetzung erfasste die verhängnisvolle Ansteckung unglücklicherweise alle Körper, einige fielen, dahingerafft durch den Strahl des Todes, während andere sich durch das Fieber wie elende Gespenster dahinschleppten.

„Ein glühender Wind“, sagte Äneas, *„verbrannte unsere Ernte und es schien, als ob die Erde uns die Nahrung verweigern würde.“*

Rasend entfesselte sich in Äneas ein Sturm von Gedanken und verzweifelt wie ein Schiffbrüchiger, der sich an einen grausamen Felsen klammert, dachte er daran, zum Heiligtum des Apollo, dem Gott des Feuers, zurückzukehren, um das Orakel noch einmal um Rat zu fragen.

Aber in derselben Nacht, in diesen lieblichen Stunden, in denen der Körper schläft und die Seele in den höheren Welten reist, weit entfernt vom physischen Organismus, traf sich Äneas mit seinen Penaten, den Schutzgeistern seiner Familie, den Jinas oder Engeln von Troja.

Und die Herren der Flamme sprachen:

„Es ist nicht notwendig, Sohn, dass du über die See dahin zurückkehrst, wo das Orakel von Apollo ist, du hast die Prophezeiung falsch interpretiert. Eure ursprüngliche Heimat ist nicht Kreta, sondern Hesperia, das alte Land, das man jetzt Italien nennt. Von dort kamen die alten Gründer der trojanischen Rasse, der Held Dardanus und sein Vorfahre Jasio. Geh und berichte deinem Vater diese Botschaft."

Und überrascht erinnerte sich sein Vater an Kassandra, die trojanische Prophetin, jene arme Frau, die vor der Zerstörung des stolzen Ilion dasselbe gesagt hatte und auf die niemand achtete, seit Apollo sie bestraft hatte. Diese edle Frau, die sich Kassandra nannte, so verehrt und gesegnet, zahlte eine sehr seltsame Art von Karma, weil sie in früheren Leben ihre göttlichen Fähigkeiten missbraucht hatte.

Und die Legende der Jahrhunderte erzählt, dass Äneas und sein Volk, ohne weitere Zeit zu verschwenden, noch einmal zur See fuhren, in Richtung Latium.

Die Rune Ar

Erhabene Erinnerungen voller Zauber kommen mir in den Sinn, Liebesgedichte und Dinge, die man unmöglich mit Worten beschreiben kann. Das, was ich kennengelernt habe, was ich gesehen habe, was ich gefühlt habe, im Haus meines Vaters und in all diesen strahlenden Wohnstädten dieser großen Stadt des Lichtes, bekannt als Milchstraße, kann sicher nur mit dem goldenen Wort ausgedrückt werden, dem reinen Ursprung der göttlichen Sprache.

Es war eine mit Sternen übersäte Nacht, die reflektierten Strahlen des Mondes drangen in mein Zimmer wie ein silbernes Tuch. Das tiefe Blau des Himmels glich einem unendlichen Ozean, auf dem die Lichter funkeln.

Und während ich meditierte, trat ich in Ekstase ein und verließ die dichte Form. Es gibt kein größeres Vergnügen, als die losgelöste Seele zu fühlen, dann verschmelzen Vergangenheit und Zukunft in einem ewigen Jetzt. Und erfüllt von einer lieblichen spirituellen Sinnlichkeit, unbeschreiblich, unbestimmbar, kam ich vor die Tore des Tempels, angetrieben von der mysteriösen Kraft der Sehnsucht.

Das Tor des Heiligtums war versiegelt mit einem großen Stein, der den Profanen den Zugang versperrt.

Zögere nicht, Herz, vor den Dingen der Mysterien. Sesam öffne dich! Das war mein Ausruf, und der Stein öffnete sich, damit ich eintreten konnte. Und als einige Eindringlinge dasselbe tun wollten, musste ich das Flammenschwert ergreifen und mit aller Kraft meiner Seele schreien: „Zurück, Profane und Schänder!“

Ich war eingetreten in den großen Tempel der Milchstraße, dem zentralen Heiligtum dieser riesigen Galaxie, der transzendierten Kirche. An diesem verehrten Ort regiert der Schrecken der Liebe und des Gesetzes. Vor dem heiligen Alter dieses schrecklich heiligen Tempels dürfen sich nur die sideralen Götter niederwerfen.

Glücklich näherte ich mich dem Ort der Niederwerfung und der Verehrung. Hier und dort, an allen gesegneten Orten des Tempels, kamen und gingen Scharen von demütigen und einfachen Menschen, sie ähnelten eher untertänigen und gehorsamen Bauern.

Das waren die Bodhisattwas der Götter; Menschen im wahrsten Sinne des Wortes, Geschöpfe, die das objektive Bewusstsein haben; zu hundert Prozent selbst-bewusst.

Zweifellos könnte ich bis zum Überdruss beweisen, dass in diesen menschlichen Geschöpfen nichts existiert was man Ich, mich selbst, sich selbst, nennen könnte.

Diese Menschen sind wirklich *tot*. Ich sah in ihnen keinen Wunsch sich abzuheben, aufzusteigen, die Spitze der Leiter zu erklimmen, usw.; für diese Geschöpfe ist es nicht wichtig, zu existieren, sie wollen nur den *absoluten Tod*, sich im Sein verlieren und das ist alles.

Wie glücklich fühlte ich mich! Ich ging durch das Zentrum des Tempels bis zum heiligen Altar; ich schritt aufrecht, energisch, mit siegreichem Schritt. Plötzlich kreuzte einer dieser demütigen „Arbeiter mit Hacken und Schaufeln“ meinen Weg; für ein Moment wollte ich hochmütig, arrogant, verächtlich, weitergehen.

Aber, oh mein Gott, da traf mich ein intuitiver Strahl mit tödlicher Kraft und ich erinnerte mich lebhaft, dass ich früher, in einer fernen Vergangenheit, denselben Fehler in Gegenwart dieses „armen Bauern“ begangen hatte. Dieser Fehler der Vergangenheit wurde mir klar und mit Schrecken, Schauer und Grauen vergegenwärtigte ich mir diesen furchtbaren Moment, in dem ich aus dem Tempel geworfen wurde, die schrecklichen Stimmen, die mit Blitz und Donner vom heiligen Altar her erklangen.

All diese Vergangenheit lebte in einer Tausendstelsekunde in meinen Verstand wieder auf, also hielt ich reumütig inne in meinem hochmütigen und stolzen Gang und zerknirscht, betrübt und mit reuevollem Herzen warf ich mich vor diesem demütigen und ergebenen „Bauern“ nieder.

Ich küsste seine Füße und rief aus:

„Du bist ein großer Meister, ein großer Weiser", aber anstatt über meine Worte erfreut zu sein, antwortete dieses Geschöpf: „Ich weiß nichts, ich bin niemand."

„Ja" – erwiderte ich – *„du bist der Bodhisattwa eines der großen Götter, Regent vieler Konstellationen".*

Mein Glück war groß, als dieser wahre Mensch mich segnete.

Ich fühlte mich, als ob mir verziehen wurde und glücklich setzte ich meinen Weg zum heiligen Altar fort; danach kehrte ich zu meinem physischen Körper zurück.

Es sind viele Jahre vergangen und ich konnte diesen Tempel, der mit dem heiligen Stein versiegelt war, nie vergessen.

„Siehe ich lege in Zion den Eckstein, auserwählt, kostbar. Wer an ihn glaubt, wird nicht zuschanden werden".

Der Stein, den die Bauleute verworfen haben, ist zum Eckstein geworden.

„Der Stein des Anstoßes und Fels des Ärgernisses".

Die mittelalterlichen Alchemisten suchten immer den philosophischen Stein und einige haben mit Erfolg das große Werk verwirklicht. Offen gesprochen ist es unsere Pflicht nachdrücklich zu bestätigen, dass dieser Stein die Sexualität ist.

Petrus, der Schüler von Jesus dem Christus, ist der Aladin, der wundervolle Darsteller, der befugt ist, den Stein zu heben, der das Heiligtum der großen Mysterien verschließt. Der ursprüngliche Name von Petrus ist „Patar" mit seinen drei grundlegenden Konsonanten „P.T.R.".

P. erinnert uns mit völliger Klarheit an die Väter der Götter, an unseren Vater, der im Verborgenen ist, an die Phitaras.

T. ist das Tau, das Kreuz, der göttliche Hermaphrodit, der schwarze Lingam, eingeführt in die Yoni.

R. ist von grundlegender Bedeutung für das Feuer, es ist das ägyptische Ra. Das R ist grundlegend für das mächtige Mantram Inri (Ignis Natura Renovatur Integram).

Das Feuer befindet sich latent im Stein und die alten Völker ließen den Funken aus dem lebendigen Schoß des harten Feuersteins springen. Mir kommen die Steine des Blitzes in den Sinn, die orphischen Galaktiden, der äskulapische Ostride, der Stein, mit dem Machaon Philoktetes heilte, der magische Bet-El aller Länder, die heulenden, wackelnden, runischen und sprechenden Steine der Teraphim.

Der Kelch des christifizierten Verstandes basiert auf dem lebenden Stein, dem heiligen Altar.

Übung

Das Mantram ARIO bereitet die Gnostiker auf die Ankunft des Heiligen Feuers vor. Singt jeden Morgen dieses Mantram und teilt es in drei Silben: A.... Ri... O...., verlängert den Ton jedes Buchstabens. Es ist ratsam, diese Übung täglich zehn Minuten zu machen.

Proton und Antiproton

Die tatsächliche Existenz des Protons und des Antiprotons wurde 1955 durch ein Team von Physikern aus Berkeley bewiesen. Als eine Kupferplatte mit einer Energie von 6.000 Millionen Volt beschossen wurde, konnte man daraus zwei wunderbare Atomkerne des Wasserstoffs gewinnen, identisch, aber mit unterschiedlicher Ladung: ein positives Proton und ein negatives.

Offensichtlich kann man daraus schließen, dass die Hälfte des Universums aus Antimaterie besteht. Wenn die modernen Weisen Antiteilchen in den Laboratorien finden konnten, dann deshalb, weil sie auch in den Tiefen der großen Natur existieren.

Wir können auf keinen Fall leugnen, dass es sich als außerordentlich schwierig erweist, die Antimaterie im Weltraum zu entdecken.

Obwohl das Licht der Anti-Sterne anscheinend mit dem der Sterne identisch ist und die fotografischen Platten es auf die gleiche Weise aufzeichnen, muss es einen Unterschied geben, der den Weisen nicht bekannt ist.

Das Konzept, das besagt, dass es keinen Platz für die Antimaterie in unserem Sonnensystem gibt, wird derzeit schon infrage gestellt.

Die Umwandlung von Masse in Energie ist etwas sehr Interessantes.

Dass die Hälfte in Form von Neutrinos entweicht, ist normal, und dass sich ein Drittel in Gammastrahlen umwandelt und ein Sechstel in Licht- und Schallwellen, sollte uns keineswegs überraschen, es ist normal.

Wenn man an die Kosmogenesis denkt, tauchen immer dieselben Fragen auf: Was existierte vor der Morgenröte unseres Sonnensystems?

Der Rigveda antwortet:

Nicht war Nichtseiendes noch war Seiendes damals.
Nicht war der Luftraum, noch der Himmel darüber.

Was regte sich heran, wo war es, in Hut wovon?
Was war Wasser, tief verborgener Abgrund?

Nicht Tod war, nicht Leben damals,
nicht der Nacht, des Tags Erscheinung.
Windlos aus eignem Antrieb atmete das Eine,
außer ihm war nicht irgend etwas Andres.

Dunkel war; von Dunkel verborgen am Anfang,
unerkennbar, war dies Alles Wasser.
Das Werdende, das von Leerheit zugedeckt war,
dies eine ward durch die Macht der Kasteiungsglut geboren.

Als Begehren regte am Anfang sich das hervor,
was des Denkens erster Zeugungssame war.
Des Seienden Verwandtschaft fanden im Nichtseienden
die Weisen aus, als sie im Herzen mit Nachdenken forschten.

Querhin war ausgespannt deren Zügel
gab es ein Unten, gab es ein Darüber?
Samengeber waren, Mächte waren,
Trieb war unten, Gewährung oben.

Wer weiß gewiss, wer mag es hier verkünden,
woraus geboren, woher diese Schöpfung?
Die Götter sind diesseits durch die Erschaffung von Diesem;
wer weiß also, woher es entstanden ist?

Diese Schöpfung, woher sie entstanden ist,
wenn er sie geschaffen hat oder wenn nicht,
der sie überschaut im höchsten Himmel,
der allein weiß es — oder wenn er's nicht weiß?

Vor dem Mahamvantara (kosmischer Tag) dieses Universums, in dem wir leben, uns bewegen und unser Sein haben, existierte nur freie Energie in Bewegung. Vor der Energie gab es Materie, letztere existierte in organisierter Form, sie bildete das vorherige Universum des vergangenen kosmischen Tages (Mahamvantara).

Vom vergangenen Universum blieb als Erinnerung nur der Mond, unser geliebter Satellit, der uns in der Nacht leuchtet. Jedes Mal, wenn Energie in Form von Materie kristallisiert, erscheint sie in der außergewöhnlichen Form eines symmetrischen Teilchenpaares. Materie und Antimaterie ergänzen sich gegenseitig.

Dies ist praktisch ein neues Thema für die zeitgenössische Wissenschaft und in Zukunft werden weitere Fortschritte erzielt.

Auf jeden Fall ist es absurd zu behaupten, dass in unserem Sonnensystem kein Platz für Antimaterie ist.

Die Materie wird immer von Antimaterie begleitet; ohne diese wäre die Kernphysik ohne Grundlage, sie würde ihre Gültigkeit verlieren.

In der Morgenröte des Mahamvantara (kosmischer Tag) erschien das Universum in Form einer Plasmawolke, d. h. ionisiertem Wasserstoff.

Es existieren zwei grundlegende Arten von Wasserstoff in unserem Sonnensystem und das wurde schon von den großen Meistern der Menschheit analysiert.

Man hat uns gesagt, dass in diesen beiden Arten von Wasserstoffen zwölf Kategorien von Materie vertreten sind; diese sind im Universum enthalten, vom absoluten abstrakten Raum bis zum niederen Mineralreich.

Die ursprüngliche Plasmawolke existiert im Verstand der Gelehrten in doppelter Form.

Eine genaue Untersuchung dieses Themas erlaubt uns zu verstehen, dass es Plasma und Antiplasma gibt; das ist es, was ein gewisser Weiser Ambiplasma nannte.

Die Wissenschaftler wissen durch Beobachtung und Versuch sehr gut, dass das intensive Magnetfeld, das sich in den Galaxien bildet, die radikale Trennung der Partikel entsprechend ihrer elektrischen Ladung verursacht.

Plasma und Antiplasma sind nicht nur gegensätzlich, sondern sind auch getrennt. Materie und Antimaterie koexistieren getrennt und verdichten oder kristallisieren sich in Sternen.

Wenn Materie und Antimaterie in direkten Kontakt kommen, verursachen sie die vollkommene Zerstörung der Materie.

Die lebendige Grundlage der Materie entspricht genau der Antimaterie, aber zwischen den beiden Lebensformen existiert ein neutrales Feld.

Die drei primären Kräfte, positiv, negativ und neutral bestimmen zweifellos den gesamten universalen Mechanismus.

Im unendlichen Raum koexistieren Materie und Antimaterie, Sterne und Antisterne.

Wasserstoff und Antiwasserstoff kristallisieren unter Schwerkraft und verursachen die Kernfusion.

So, lieber Leser, sammeln sich die Protonen derselben Art, um alle Elemente der Natur zu bilden.

Die Harpyien

Äneas, der epische trojanische Paladin, der mit seinem Volk zu den wunderbaren Ländern des antiken Hesperia segelte, wurde neuen und entsetzlichen Proben unterzogen.

Alte Traditionen, die sich in der Nacht der Jahrhunderte verlieren, erzählen, dass die furchtbaren Kräfte Neptuns auf hoher See einen schrecklichen Sturm hervorriefen, der (Gott sei Dank) sein Schiff nicht versenkte, aber Palinurus, den geschicktesten seiner Steuermänner, nach drei sternenlosen Nächten den Kurs verlieren ließ.

Es waren entsetzliche Momente, in denen die Trojaner sich den erschreckenden Strophaden-Inseln näherten, die sich im Ionischen Meer befinden und auf denen die dantesken Harpyien hausen, widerliche Hexen, mit Kopf und Hals einer Frau. Früher waren sie wunderschöne Mädchen, sind aber nun in schreckliche Furien verwandelt, die mit ihren abscheulichen Berührungen alles verderben, was sie anfassen.

Das monströse Heer der widerwärtigen Harpyien, einst angeführt von der verabscheuenswerten Celaeno und mit langen Krallen versehen, trägt immer die Blässe des Hungers im Gesicht.

Der strahlende Held landete mit seinem Volk an jenem Land und ging von Bord, ohne an niederträchtige Hexen oder an erschreckende Hexensabbate zu denken.

Hungrig wie sie waren zögerten die starken Nachfahren des Dardanos nicht, schöne und makellose Kühe, die glücklich im Niemandsland weideten, zu opfern.

Aber mitten im Festgelage kamen die Harpyien aus den Bergen herab, kreischten wie Raben und schlugen mit ihren schwarzen und widerlichen Flügeln. Sie nährten sich dem Essen und infizierten alles mit ihren unreinen Mündern.

Der Anblick dieses infizierten Fleisches war entsetzlich, der Gestank verpestete die Luft, das Festmahl wurde ekelerregend, widerwärtig, scheußlich.

Die Trojaner flohen vor diesen finsteren Damen, die in erschreckende Vögel verwandelt waren, sie suchten Zuflucht in geheimnisvollen Höhlen, entfernt vom sonnigen Strand.

Aber unglücklicherweise kehrten jene verdammten Hexen zurück, nachdem die berühmten Krieger neues Vieh geopfert hatten und im Begriff waren zu essen, und verdarben von Neuem die Nahrung.

Voller Zorn bereiteten sich jene Männer auf den Angriff vor und bewaffneten sich mit Bögen und Speeren, um die abscheulichen Harpyien zu vernichten, aber deren widerliche Haut ließ sich nicht durch Bronze verletzen und ihre Flanken waren unverwundbar wie Stahl.

Furchtbar war der Fluch, den Celaeno aussprach, als sie über die glorreichen Köpfe der mutigen Trojaner flog und sagte: *„Warum bekriegt ihr uns, ihr Törichte? Die Götter haben uns unsterblich gemacht. Wir haben euch nicht ohne Recht angegriffen, denn ihr habt viele Kühe unserer Herde geopfert.*

Als Strafe werde ich euch verfluchen. Äneas und seine Sippe werden ziellos auf dem Meer umherirren und Hunger leiden, bevor sie das Land finden, das sie suchen.

Sie werden die Mauern ihrer neuen Stadt nicht errichten können, bis sie so hungrig sind, dass sie gezwungen sind, ihre eigenen Tische zu verschlingen."

Erstaunt und bestürzt flehten die Trojaner die heiligen Götter an, sie von dieser Bedrohung zu befreien und verließen dann jenes traurige Land und segelten weiter.

Die heilige Kuh zu opfern bedeutet tatsächlich, das unheilvolle Omen der grausamen Harpyien heraufzubeschwören. Es ist angebracht, hier die symbolische Kuh mit fünf Beinen zu erwähnen, den schrecklichen Hüter der Welt des Jinas.

H. P. B. sah in Indien wirklich eine weiße Kuh mit fünf Beinen, das fünfte Bein wuchs aus ihrem Buckel und mit diesem kratzte sie sich, verscheuchte die Fliegen, usw.

Jenes Tier wurde von einem jungen Mann der Sadhu-Sekte geführt.

Wenn wir die drei Silben des Wortes „Kabala“ (auf Deutsch „Kabbala“) rückwärts lesen, erhalten wir „La-Va-Ca“ (auf Deutsch „die Kuh“), das lebendige Symbol der ewigen kosmischen Mutter.

In allen Theogonien des Nordens und des Südens, des Westens und des Ostens der Welt, wird immer das ewige weibliche Element der Natur erwähnt, die „Magna-Mater“, von der das „M“ und die Hieroglyphe des Sternzeichens Wassermann stammen.

Sie ist die universale Matrix des großen Abgrundes, die ursprüngliche Venus, die große jungfräuliche Mutter, die aus den Wellen des Meeres auftaucht mit Cupidus-Eros, welcher ihr Sohn ist, und letztendlich ist sie Gaia, Gaea oder die Erde, die in ihrem höherem Aspekt die indische Prakriti ist.

Erinnern wir uns an Telemachos, der in die Welt der Schatten hinabgestiegen ist, um das Schicksal des Odysseus, seines Vaters, in Erfahrung zu bringen.

Der junge Mann wanderte im Mondlicht und rief Prakriti an, jene mächtige Wesenheit, die im Himmel Selene ist, so wie auf der Erde die keusche Diana und die großartige Hekate in der Unterwelt.

Die zwei weiteren Entfaltungen der Hekate-Proserpina, der vierte und fünfte Aspekt von Prakriti, sind negativ. Sie bilden den Schatten der ewigen kosmischen Mutter, verlorene Reflexionen im Spiegel der Natur.

Es existieren schwarze und weiße Jinas.

Die Harpyien folgen dem finsteren Weg: Dante traf sie in den Unterwelten, als sie die Seelen, die in der Involution versunken sind, quälten.

Die Harpyien sind schwarze Jinas; sie benutzen die beiden negativen niederen Aspekte von Prakriti, damit bringen sie ihren Körper in die vierte Dimension, um durch die Luft zu fliegen.

In der unbekannten Dimension kann der menschliche Körper jede Form annehmen und wunderschöne Mädchen können sich in schreckliche Vögel verwandeln, wie jene, die Äneas auf den finsteren Strophaden-Inseln vorfand.

Charon der höllische Gott, dessen ewiges Alter immer melancholisch und abscheulich ist, führt die Harpyien, die durch die Tore des Todes gegangen sind, bis ans andere Ufer des üblen Flusses.

Ein schlammiger Strom schwarzen Wassers mit sumpfigen, unreinen Ufern, wo die Gespenster der Toten umherstreifen.

Der verhängnisvolle Fluss, auf dem das Boot des Charon fährt, bringt die Verlorenen zu den düsteren, unheimlichen und finsteren Regionen des unteren Mineralreiches.

Es ist ein furchtbares Ende, das die Harpyien der abscheulichen Celaeno erwartet: die schreckliche Involution in der Unterwelt, bis sie versteinern und zu kosmischem Staub werden.

Es ist die gerechte Strafe jener, die Böses tun. Ihre Schlünde sind wie offene Gräber. Sie haben den Pfad nie kennengelernt.

Die Rune Sig

Es ist tatsächlich schwierig, sich den Zauber, den Rausch der Ekstase, die Gemeinschaft der Heiligen in den Nächten der Meditation vorzustellen.

In einer ähnlichen Nacht war es, als der Patriarch Jakob, die lebendige Reinkarnation des strahlenden Engels Israel, seinen Kopf auf den philosophischen Stein legte und in den Sternen die Verheißung einer unzähligen Nachkommenschaft las und die mysteriöse siebenstufige Leiter sah, auf der die Elohim zwischen Himmel und Erde auf- und abstiegen.

Nur in Abwesenheit des „Ich" können wir *das* erfahren, was die Wahrheit ist, das Wirkliche, Jenes ...

Am Tag des Herrn erforschte, suchte, ergründete ich die Mysterien meiner letzten Stunde. Und ich sah und hörte Dinge, die für die Profanen und Schänder nicht zu verstehen sind.

Und ich erlebte direkt die letzte Stunde, den Untergang des „Ich", das katastrophale Ende des „mich selbst".

Ich durfte die Kreuzigung des inneren Christus erleben und den Abstieg zum heiligen Grab.

Der Kampf gegen Satan war schrecklich ...

Meine Priesterin-Gattin verschloss meinen Sarkophag mit einem großen Stein und lächelte sanft.

Vom Golgatha des Vaters kamen schrecklich göttliche Stimmen und Blitze und Donner.

All das erinnert mich an die Rune Sig, den schrecklichen Blitz der zentralen Sonne:

Sulu-Sigi-Sig, der geheime Name der furchtbaren heilige Schlange Kundalini.

Der fünfzackige Stern ist wahrhaftig eine ständige Wiederholung der Rune Sig, er scheint mit dem Zick-Zack des Blitzes gezeichnet zu sein. In den antiken Zeiten zitterten die Menschen vor dem Pentalpha.

In den archaischen Mysterien war Sig der Phallus und auf diesem Weg kehren wir wieder zu Maithuna (das sexuelle Yoga) zurück.

Sig ist die Sonne und ihr Buchstabe ist das „S", dessen Klang, wenn er weise verlängert wird, sich in die zarte Stimme verwandelt, in das süße und sanfte Zischen, das Elias in der Wüste hörte.

Die abschließende Einweihung ist mit dem Blitz besiegelt, mit der Rune Sig und unter Donner und Blitz hört man die schrecklichen Worte: *„Mein Vater, in deine Hände befehle ich meinen Geist".*

Das flammende Schwert, das sich bedrohlich nach allen Seiten dreht, um den Weg zum Baum des Lebens zu bewachen, hat die furchtbare Form der Rune Sig, es erinnert uns an das Zick-Zack des Blitzes.

„Armselig der Samson der Kabbala, der sich von Delilah in den Schlaf versetzen lässt, der Herkules der Wissenschaft, der sein Zepter der Macht gegen die Spindel der Omphale tauscht, er wird bald die Rache der Deianeira spüren und es wird kein anderes Heilmittel geben, als den Scheiterhaufen des Berges Öta, um den verzehrenden Qualen des Nessushemdes zu entkommen."

Unglücklich ist jener, der sich von der ursprünglichen Teufelin verführen lässt, der namenlosen Frau, der Rose des Verderbens des höllischen Abgrundes.

Bedauernswert ist der Eingeweihte, der berauscht in die Arme der blutrünstigen Herodias, der Harpye Gundrigia und hundert anderer Frauen fällt.

Wehe den Eingeweihten, die den feurigen Küssen erliegen, nicht denen der Frauen, sonder denen der Frau im Allgemeinen, der symbolischen Frau, die nicht versucht sie auf plumpe Weise mit animalischen Reizen zu verführen, sondern mit den hinterhältigen und süßen Künsten der subtilen Sentimentalitäten und der romantischen Emotionalität.

Für sie wäre es besser, nicht geboren worden zu sein oder sich einen Mühlstein um den Hals zu hängen und sich in die Tiefe des Meeres zu stürzen. Unglückselige! ... anstatt zum Golgotha des Vaters aufzusteigen und zum heiligen Grab hinabzusteigen, werden sie vom schrecklichen

Blitz der kosmischen Gerechtigkeit niedergeschmettert. Sie werden ihr flammendes Schwert verlieren und auf dem schwarzen Pfad in das Reich Plutos hinabsteigen.

Um den Thron aus Ebenholz des Königs der Unterwelten schwärmen immer finstere Gestalten, die quälende Schlaflosigkeit, die schreckliche Eifersucht, die die Existenz verbittert, das grausame Misstrauen, die schmutzige Rache, bedeckt mit Wunden und abscheulicher Hass, der Blut fließen lässt.

Die nagende Gier verzehrt sich selbst ohne jedes Erbarmen und der widerliche Groll zerreißt sein Fleisch mit den eigenen Händen. Dort ist der verrückte Hochmut, der alles elend zerstört, der gemeine Verrat, der sich immer verteidigt und sich von unschuldigem Blut ernährt, ohne jemals die verdorbenen Früchte seiner Niedertracht genießen zu können.

Dort befindet sich das tödliche Gift des Neides, der sich selbst zerstört, wenn er anderen nicht schaden kann; die Grausamkeit, die sich ohne Hoffnung in den Abgrund stürzt; die makaberen und erschreckenden Visionen; die entsetzlichen Geister der Verurteilten, die Schrecken der Lebenden; die Monster der Alpträume und die grausame Schlaflosigkeit, die soviel Qualen verursacht.

All diese und andere verhängnisvolle Bilder umkreisen die entsetzliche Stirn des grausamen Pluto und füllen seinen unheilvollen Palast.

Telemachos, der Sohn des Odysseus, fand im Reich des Pluto Millionen von heuchlerischen Pharisäern, weiß getünchten Gräbern, die immer Liebe zur Religion vortäuschen, aber voller Hochmut und Stolz.

Der Held stieg hinab in immer tiefere Regionen und fand viele Vater- und Muttermörder, die entsetzliche Qualen litten. Er fand auch Ehefrauen, an deren Händen das Blut ihrer Ehemänner klebte, Verräter, die ihr Land verraten und alle Schwüre gebrochen haben; obwohl es unglaublich erscheint, erleiden diese weniger Qualen als die Heuchler und Ketzer.

So wollten es die drei Richter der Unterwelten, denn sie sagten, dass diese Heuchler und Ketzer sich nicht damit begnügen, böse zu sein, wie alle anderen Perversen, sondern sich außerdem für heilig halten und mit ihren falschen Tugenden die Leute vom Weg abbringen, der zur Wahrheit führt.

Die Heiligen Götter, über die die Welt so gottlos und hinterhältig gespottet hat und die vor allen Menschen als verachtenswert dargestellt wurden, rächen sich nun mit all ihrer Macht für die Beleidigungen, die man ihnen zugefügt hat.

Der schreckliche Blitz der kosmischen Gerechtigkeit stürzt auch die gefallenen Bodhisattwas, die sich niemals erheben wollten, in den Abgrund; ihnen werden drei Straftaten zur Last gelegt.

1. Buddha ermordet zu haben.

2. Die Götter entehrt zu haben.

3. Viele andere Verbrechen.

Jedes große Werk, jedes Urteil wird immer mit der Rune Sig versiegelt, mit dem flammenden Schwert.

Übung

Besiegelt immer all eure magischen Arbeiten, Anrufungen, Gebete, Ketten der Heilung, usw. mit dieser Rune. Zeichnet mit der Hand und dem ausgestreckten Zeigefinger das Zick-Zack des Blitzes und sprecht gleichzeitig den Buchstaben Ssssss, wie ein ruhiges und sanftes Zischen.

Das Ain Soph

Es ist notwendig zu verstehen und wichtig zu wissen, dass im armen intellektuellen Tier, fälschlicherweise Mensch genannt, drei genau definierte Aspekte existieren. Der erste dieser drei Aspekte wird Essenz genannt. Im Zen Buddhismus ist er auch unter dem Namen Buddhata bekannt.

Der zweite Aspekt ist die Persönlichkeit. Dieser Aspekt an sich ist nicht der physische Körper, auch wenn dieser das Vehikel benötigt, um sich in der dreidimensionalen Welt auszudrücken.

Der dritte Aspekt ist der Teufel, das vielfältige *Ich* in jedem von uns, das *mich selbst*.

Die Essenz, das Buddhata im Menschen ist das, was wahre Realität besitzt, das was echt in ihm ist.

Die Persönlichkeit ist das, was nicht echt in ihm ist; das, was von der äußeren Welt stammt; das, was er zu Hause, auf der Straße, in der Schule, usw. gelernt hat.

Das vielfältige Ich ist die Gesamtheit von verschiedenen, unterschiedlichen Einheiten, die alle unsere psychologischen Fehler personifizieren.

Jenseits der organischen Maschine und dieser drei Aspekte, die sich durch sie manifestieren, gibt es viele Substanzen, Kräfte und spirituelle Prinzipien, die letztendlich aus Ain Soph hervorgehen.

Und was ist dieses Ain Soph? Abstakt ausgedrückt können wir sagen, es ist das Nicht-Ding ohne jegliche Grenze, das Absolute. Es ist jedoch notwendig, das etwas zu spezifizieren und zu konkretisieren, um es zu verstehen.

Ain Soph ist unser super-göttliches Atom, das einzigartig, besonders, spezifisch, speziell und super-individuell ist.

Das bedeutet, dass letztendlich jeder von uns nicht mehr als ein Atom des absoluten abstrakten Raumes ist - dies ist der innere, atomare Stern, der uns immer anlächelt.

Ein bestimmter Autor sagte: *„Ich richte meine Augen auf das Höchste, zu den Sternen, von denen ich Hilfe bekomme, aber ich folge immer dem Stern, der mein Inneres leitet."*

Es ist selbstverständlich, dass dieses super-göttliche Atom nicht inkarniert ist, aber es ist sehr eng verbunden mit dem Chakra Sahasrara, dem tausendblättrigen Lotus, dem magnetischen Zentrum der Zirbeldrüse.

Ich habe im Zustand einer sehr tiefen Meditation das Ain Soph direkt erfahren. Eines Tages, das Datum und die Stunde spielen keine Rolle, erreichte ich diesen Zustand, den man in Indien als Nirvikalpa Samadhi kennt; dann wurde meine Seele vollkommen im Ain Soph absorbiert, um durch den absoluten abstrakten Raum zu reisen. Meine Reise begann in der Zirbeldrüse und setzte sich in der Tiefe des ewigen Raums fort.

Und ich sah mich selbst jenseits jeglicher Galaxie aus Materie oder Antimaterie, umgewandelt in ein einfaches selbstbewusstes Atom.

Wie glücklich war ich in Abwesenheit des Ichs und jenseits dieser Welt, jenseits des Verstandes, jenseits der Sterne und Antisterne.

Was man während des Samadhi fühlt, ist unbeschreiblich, man versteht es nur, wenn man es erlebt.

Und ich trat ein durch die Tore des Tempels, trunken vor Ekstase und ich sah und hörte Dinge, die die intellektuellen Tiere nicht verstehen können.

Ich wollte mit jemandem sprechen, mit einem göttlichen Priester, und es ist offensichtlich, dass ich es erreicht habe und so mein schmerzendes Herz trösten konnte.

Eines dieser vielen selbstverwirklichten Atome des Ain Soph (abstrakter absoluter Raum) vergrößerte sich und nahm vor meiner ungewöhnlichen Anwesenheit die Gestalt eines verehrungswürdigen Alten der Tage an.

Aus meiner schöpferischen Kehle strömten spontane Worte, die im unendlichen Raum erklangen und ich fragte nach jemandem, den ich in der Welt der dichten Formen kannte.

Die Antwort dieses glorreichen atomaren Meisters war gewiss außergewöhnlich: Für uns, *die Bewohner der Ain Soph, ist der menschliche Verstand das, was das Mineralreich für euch ist.*

Und er fuhr fort: *Wir erforschen den menschlichen Verstand auf dieselbe Weise, wie ihr ein Mineral erforscht.*

Im Namen der Wahrheit muss ich sagen, dass diese Antwort in mir Verwunderung, Staunen, Verblüffung und Überraschung hervorrief.

Danach kam die Demonstration; jener „höchste Liebende" studierte den Verstand der Person, nach der ich gefragt hatte, und gab mir eine exakte Antwort.

Viele Jahre sind vergangen, aber dieses mystische Ereignis konnte ich nicht vergessen.

Ich hatte das Glück, mich mit einem atomaren Kabir jenseits der Paralleluniversen zu unterhalten, im Ain Soph, aber nicht alle diese atomaren Sterne des spirituellen Himmels sind selbstverwirklicht.

Das Genesis-Atom (Ain-Soph) einer Person, die ihre solaren Körper nicht in der feurigen Schmiede des Vulcanus hergestellt hat, ist sehr einfach, es enthält keine weiteren Atome.

Eine andere Sache sind die selbstverwirklichten Genesis-Atome, die wir in der okkulten Wissenschaft *Ain Soph Paranishpanna* nennen.

Diese enthalten in sich vier Samenatome, die in der Alchemie symbolisch mit diesen vier Buchstaben bezeichnet werden: C. O. N. H. (C = Kohlenstoff, O = Sauerstoff, N = Stickstoff, H = Wasserstoff).

In einer Sommernacht stellte ich einer Gruppe gnostischer Studenten folgende Frage:

Wenn wir am Ende des Mahamanvantara die solaren Körper auslöschen müssen, die wir mit so viel Anstrengung in der neunten Sphäre erschaffen haben, warum haben wir sie dann erschaffen?

Keiner der Studenten war in der Lage die richtige Antwort zu geben. Deshalb war meine Erklärung notwendig:

„Es ist klar", sagte ich zu ihnen, *„dass wenn das Große Pralaya (die kosmische Nacht) kommt, das Ain Soph die drei primären Kräfte absorbiert und die vier Körper auflöst, aber die vier Samenatome, die den vier Körpern entsprechen, behält und zu ihrer inneren Sphäre zieht."*

Somit existieren innerhalb des Ain Soph Paranishpanna, d. h. im Selbstverwirklichten, die drei primären Kräfte und die vier Samenatome.

Der Buchstabe C symbolisiert den Körper des bewussten Willens.

Der Buchstabe O entspricht dem solaren Mentalkörper.

Der Buchstabe N bezieht sich auf den solaren Astralkörper.

Der Buchstabe H entspricht dem physischen Körper.

In der Morgenröte des Mahamvantara (kosmischer Tag) baut das Ain Soph Paranishpanna seine vier Körper mittels der entsprechenden Samenatome wieder auf.

Diese vier Körper bilden die hebräische Merkabah, den Wagen der Jahrhunderte, das solare Vehikel des Ain Soph Paranishpanna, das Nicht-Ding ohne Grenzen und absolut.

Die vier Körper nehmen die Gestalt des manifestierten himmlischen Menschen an, das Fahrzeug, um hinabzusteigen und sich in der Welt der Phänomene zu manifestieren.

Der König Helenos

Als Äneas, der großartige trojanische Paladin, den prächtigen Palast des Königs Helenos erreichte, sah er mit Erstaunen, Verehrung und freudiger Überraschung diese Frau namens Andromache, die Frau von Hektor dem Trojaner, der glorreich in der Schlacht vor den unbesiegbaren Mauern von Troja starb.

Äneas dankte den heiligen Göttern (Engel, Erzengel, Fürstentümer, Gewalten, Mächte, Herrschaften, Throne, Cherubim und Seraphim des Christentums), er dankte diesen unbeschreiblichen Wesen aus tiefstem Herzen dafür, dass sie diese Frau befreit hatten, indem sie die Achäer daran hinderten, sie nach Mykene zu bringen.

Eine edle Frau, die nun Gattin von Helenos war, dem König mit seherischen Fähigkeiten, dem großartigen Monarchen, der die Trojaner in seinem königlichen Palast freundlich empfangen hatte.

Äneas traf sie in einem heiligen Hain und sie hatte eine wunderschöne goldene Urne bei sich mit der geliebten Asche von Hector, ihrem früheren Ehemann.

„Bist du es wirklich, Äneas, den ich sehe? Bist du am Leben oder bist du eine Vision? Oh Götter! Und wenn du lebst, sag mir: warum lebt mein Hektor nicht mehr?" So sprach die edle Frau und wurde ohnmächtig.

Der Unglückliche war in Gefangenschaft des schrecklichen Pyrrhus gewesen, eines listigen bösen Kriegers, des Mörders des alten Priamos.

Glücklicherweise änderte sich das Schicksal dieser unglücklichen Frau vollkommen, nachdem Pyrrhus durch die Hände des fürchterlichen Orestes gestorben war, sie heiratete danach den guten König Helenos.

Die alten Traditionen erzählen, dass Äneas am dritten Tag von Helenos in eine einsame Höhle gebracht wurde, um dort den Rat Apollos einzuholen. Die wichtigste seiner Prophezeiungen war, Äneas mitzuteilen, dass es noch lange dauern würde, bis das Ende seiner Reise erreicht wäre und er sich endgültig in dem Land niederlassen würde, das einst das alte Hesperia war.

Er empfahl ihm die Sibylle von Cumae zu konsultieren, jene göttliche Prophetin, die ihre magischen Verse auf die Blätter eines großen Baumes schrieb, der vor ihrer Höhle wuchs.

Die Legende der Jahrhunderte besagt, dass gelegentlich ein stürmischer Wind alle grünen prophetischen Blätter abriss und die Verse deshalb völlig durcheinandergerieten und unverständliche Sätze für die Profanen bildeten; viele Ratsuchenden verließen die Sybille daher fluchend.

Zweifellos können und müssen wir nachdrücklich bestätigen, dass nur Menschen mit erwachtem Bewusstsein die seltsamen Sätze und die mysteriösen Rätsel der Sibylle von Cumae verstehen konnten.

Helenos prophezeite Äneas auch, dass er Skylla und Charybdis und auch den Ländern der Zyklopen nahekommen würde, aber dass er vermeiden sollte, Italien von der Mittelmeerküste her anzusteuern, die zu jener Epoche von schrecklichen Griechen bewohnt war.

Schließlich empfahl der großzügige König Helenos Äneas, dem berühmten trojanischen Paladin, die Liebe der Göttin Juno zu gewinnen, indem er fromme Opfer darbrachte; diese Göttin war immer eine Feindin der Trojaner gewesen.

Und der Wind blähte die weißen Segel im Licht des Vollmonds und das Ruder kämpften mit dem weichen Marmor und Palinuro befragte die Sterne und die Schiffe verließen die Herrschaftsgebiete des römischen Königs, während Andromache bei der Abreise der Trojaner weinte.

Helenos, erleuchteter König, Prophet des Apollo, du hast die Trojaner sehr gastfreundlich aufgenommen und dann, voller Liebe, befragtest du den Gott des Feuers, da du um deinen Freund Äneas besorgt warst.

Helenos, du warst auch derjenige (Oh Götter!), der dem ruhmreichen Trojaner empfahl, die Sybille von Cumae zu besuchen.

Nun, wenn wir diesen Teil des Kapitels erreichen, kommen mir alle diese Priesterinnen von Eritrea, Endor usw. in den Sinn. Wo auch immer eine dieser heiligen Sybille war, gab es gewiss auch ein delphisches, bacchisches, kabirisches, daktylisches oder eleusinisches Mysterium.

Die Götter und Weisen werden die große Bedeutung, die die Mysterien in der Antike hatten, nie vergessen: Sais, Menfis und Tebas, im alten Ägypten der Pharaonen verdanken ihnen viel Ruhm und große Bekanntheit.

Über die Nacht der Jahrhunderte hinaus erinnern sich die Eingeweihten noch an Mithras bei den Parsen und an Eleusis, Samothrake, Lemnos, Ephesus, usw. bei den Griechen.

Die Einweihungsschulen von Bibraktis und Alexis bei den gallischen Druiden waren beeindruckend.

Die Mysterien von Heliopolis in Syrien und Tara in Irland, usw. waren unglaublich und unbeschreiblich wegen ihrer Schönheit und Pracht.

Nach Aussagen des Plinius praktizierten die druidischen Priester der Kelten die Magie und die Mysterien in ihren Höhlen, das bestätigen auch Caesar und Pomponius Mela.

Diese strengen und erhabenen druidischen Hierophanten, die mit Eichenlaub gekrönt waren, versammelten sich feierlich unter dem fahlen Licht des Mondes um ihre höheren Mysterien zu zelebrieren, besonders an Ostern, wenn das Leben wieder kraftvoll und herrlich erwacht.

Die Einweihungsschulen wurden im Osten durch die militärische Grausamkeit Alexanders und im Westen durch die römische Gewalt geschlossen.

Die Stadt *Cote-d'Or*, nahe bei Alise-Sainte-Reine, war sicherlich das Grab der druidischen Einweihung, da alle Meister und Sibyllen auf abscheuliche Weise und rücksichtslos von den blutrünstigen Horden Roms enthauptet worden waren.

Ein ähnlich fatales und schmerzliches Schicksal erlebte Bibraktis, das glorreiche Gegenstück von Memphis, in der Zahl der Opfer gefolgt von Athen und Rom, dessen druidische Schulen 40.000 Schüler der Astrologie, okkulten Wissenschaften, Philosophie, Medizin, Rechtswissenschaft, Architektur, Literatur, Grammatik, usw., zählten.

Das römische Mysterium ist das griechische *Teletai,* dessen ursprüngliche Wurzel man im Wort *Teleuteria* (Tod) findet.

Der Tod des physischen Körpers ist unbedeutend, wichtig ist die völlige Auslöschung des Mich selbst. Die Erleuchtung der Sybillen von Cumae, die Herrlichkeit der Priesterinnen von Eritrea, die Ekstase eines

Mahatmas, all das ist für Leute, die wahrlich durch den großen Tod gegangen sind.

Die Erweckung des Bewusstseins, die radikale und absolute Umwandlung, ist unmöglich ohne den Tod des vielfältigen Ichs. Nur durch den *Tod* entsteht das Neue.

„Der Pfad des Lebens wird gebildet von den Hufspuren des Pferdes des Todes.“

Die Rune Tyr (Tir)

Singende Vögel, sprudelnde Bäche, Rosen, die ihren Duft verströmen, Glöckchen, die klingen; halte ein, Schatten meines Glückes, schöne Illusion des Tages, denn die Nacht ist gekommen.

Köstliche sternenübersäte Nacht, erlaube, dass ich dir die arme Gabe des alten Gartens meines schmerzenden Herzens anbiete. Es ist Dezember, aber mit deinem romantischen Gesang erhältst du Rosen vom Monat Mai.

Ich würde gerne erraten, welche Stimme es ist, die immer die eitlen Dinge ablehnt, die sie zurückweist, die sie von sich weist mit einem Nein, das kein Hass ist und viele Jas verspricht.

Göttliche Nacht, hier bin ich, endlich allein mit mir selbst und höre durch die Stimmen Isaias deine einschmeichelnde Klage, die mich ruft. Oh bezaubernde Nacht, Urania, mein Leben; deinetwegen krank zu sein, ist gesund zu sein; dir bedeuten all die Geschichten nichts, die die Sterblichen in ihrer Kindheit unterhalten, denn du riechst besser als der Duft verzauberter verträumter Gärten und du bist durchscheinender als ein transparenter Glaspalast, meine Liebe.

Mit feuriger Hingabe, ohne jeden Zwischenfall, mit aufrichtiger Frömmigkeit durchquerte ich die Straßen der Hauptstadt von Mexiko.

Die Stadt, durchquert um Mitternacht, inmitten von unbeschreiblichen Kristallen, frei von jeglichem Nebel.

Wer durchschreitet die Wohnstätte und ruft meinen Namen? Wer ruft mich in der Nacht mit solch entzückendem Tonfall? Es ist ein Windhauch, die im Turm schluchzt, es ist ein süßer Gedanke.

Und ich erklomm den alten Turm der Kathedrale von Mexiko Stadt und sang mein Gedicht mit der Stimme der Stille.

Der Nebel verlor sich in den Gipfeln der Berge.

Aus Ländern, die gewaltige Erschütterungen erlitten haben, aus Kratern und Lavaausbrüchen sind Iztaccihuatl und Popocatepetl, die beiden legendären Vulkane, die als jahrtausendealte Wächter das Tal von Mexiko bewachen, wie durch Zauber entstanden, um die Augen zu erfreuen.

Und jenseits der fernen Berge sah ich unvergleichliche Welten und Regionen, die man nicht mit Worten beschreiben kann; schau, was dich erwartet, sagte eine großzügige Stimme zu mir, die dem Wind Musik verlieh.

Ein Lied, das niemand hörte und das erklingt, wo immer ich gehe und in dessen Noten ich meine eigene Stimme zu spüren meine.

Und als ich vom Turm herabstieg, folgte mir jemand, es war ein Chela oder Schüler; groß war meine Freude, ich fühlte mich berauscht von einer herrlichen spirituellen Sinnlichkeit, mein Körper hatte kein Gewicht, ich bewegte mich in meiner astralen Gestalt, mein physisches Vehikel hatte ich vor langer Zeit abgelegt.

Bereits auf dem Vorhof dieser alten Kathedrale, am Fuße der alten Mauern, die über mehrere Jahrhunderte hinweg stumme Zeugen so vieler Abhängigkeiten, Streitigkeiten und Herausforderungen waren, sah ich eine bunte und malerische Gruppe von Männern und Frauen, Kindern und alten Menschen, die überall ihre Waren verkauften.

Und wie ein orientalischer Yogi unter dem alten Turm in einer Ecke dieser Kathedrale an die Wand gelehnt, meditierte ein betagter Azteke unbeschreiblichen Alters.

Jede eingeschlafene Person würde ihn leicht für einen Händler halten; vor sich und auf dem kalten Stein des Bodens hatte der verehrungswürdige Ältere ein mysteriöses Objekt, ein geheimes aztekisches Relikt.

Demütig, verwirrt und verzagt im Angesicht dieses heiligen, verehrten Indianers musste ich mich ehrfürchtig niederknien; der Alte segnete mich.

Mein Chela (Schüler), der mir folgte, glich einem Schlafwandler, sein Bewusstsein schlief tief und träumte … plötzlich geschah etwas, er beugte sich, als ob er etwas fassen wollte und ohne den mindesten Respekt nahm er das unberührbare Relikt und untersuchte es mit unendlicher

Neugierde in seinen Händen; ich war ehrlich gesagt entsetzt wegen dieses Benehmens.

Das kam mir entsetzlich vor und ich rief: „*Was tust Du da? Du begehst ein großes Sakrileg. Um Gottes willen! Verschwinde von hier und lass dieses Relikt an seinem Platz.*“

Der Meister jedoch erwiderte mit unendlichem Mitgefühl: „*Es ist nicht seine Schuld, er schläft.*“

Dann, wie ein Pilger des Pfades, der dem gequälten Herz mit einem kostbaren Balsam helfen will, ergriff er den Kopf des schlafenden Neophyten und blies ihm das lebendige Fohat ins Gesicht, um ihn zu wecken, aber es war nutzlos. Der Chela schlief und träumte weiter.

Voller Bitternis sagte ich: „*Wie viel habe ich in der physischen Welt gekämpft, damit die Leute ihr Bewusstsein erwecken und dennoch schlafen sie weiter.*“

Der Chela nahm eine gigantische Gestalt an; das vielfältige Ich (die Gesamtheit verschiedener, unterschiedlicher Einheiten), das sich in seinen lunaren Körpern befand, gab ihm diese Erscheinung.

Es war merkwürdig, diesen gewaltigen Riesen von gräulicher Farbe zu sehen, der langsam wie ein Schlafwandler durch das alte Atrium der alten Kathedrale ging und sich von uns weg in Richtung des Hauses bewegte, in dem sein physischer Körper schlief.

In diesem Moment konnte nicht anders, als auszurufen:

„*Wie hässliche die lunaren Körper sind!*“

Aber der verehrte Alte, erfüllt von Mitgefühl, antwortete:

„*Im Tempel, den du nun betreten wirst,* (ein Jinas-Tempel, ein aztekisches Heiligtum) *gibt es viele wie ihn, betrachte sie mit Mitgefühl.*“

„*Natürlich werde ich sie mit Mitgefühl betrachten*“, erwiderte ich.

Lasst uns nun über Reinkarnation sprechen. Werden sich diese Kreaturen reinkarnieren?

Kann Reinkarnationen existieren, wo keine Individualität existiert? Die Doktrin des Krishna im heiligen Land des Ganges lehrt, dass nur die Götter und Halbgötter, die Helden, Devas und Titanen sich reinkarnieren. Mit anderen Worten könnten wir sagen, dass sich nur die Selbstverwirklichten reinkarnieren können, jene, die das Sein schon inkarnierten haben.

Das Ego, das vielfältige Ich, reinkarniert sich nicht; es ist dem Gesetz der ewigen Rückkehr aller Dinge unterstellt; es kehrt zurück in eine neue Gebärmutter, in dieses Tal des Samsara, es wird wiedergeboren.

Übung:

Die Übung, die zur Rune Tyr oder Tir gehört, besteht darin, die Arme über den Kopf zu heben und dann seitlich nach unten zu bewegen, während die Hände wie Muscheln geformt sind; gleichzeitig singt man das Mantram Tiiiiiiiirrrrrr (die Buchstaben I... und R... sollten verlängert werden, um das Bewusstsein zu erwecken).

Der Buchstabe „T" oder TAU schlägt das Bewusstsein, um es zu erwecken; der Buchstabe „I" arbeitet intensiv mit dem Blut, dem Vehikel der Essenz; das „R" stärkt die Zirkulation des Blutes in den Venen und Blutgefäßen und verstärkt auf wunderbare Weise die feurigen Flammen und regt dadurch das Erwachen an und stimuliert es.

Die Meditation

Intellektuelle Information ist keine Erfahrung. Belesenheit ist kein Erleben. Versuche, Tests, Demonstrationen, die ausschließlich dreidimensional sind, sind nicht ganzheitlich, vollständig.

Es muss eine dem Verstand überlegene Fähigkeit geben, unabhängig vom Intellekt, die in der Lage ist, uns Wissen und direkte Erfahrung über jedes Phänomen zu vermitteln.

Meinungen, Konzepte, Theorien, Hypothesen sind nicht gleichbedeutend mit Verifikation, Experimentieren und vollkommenem Bewusstsein über dieses oder jenes Phänomen.

Nur wenn wir uns selbst vom Verstand befreien, können wir wirklich das erleben, was real ist, das was sich in potenziellem Zustand hinter jedem Phänomen befindet.

Das Mentale existiert in allem, die sieben Kosmen, die Welt, die Monde, die Sonnen, sind nichts anderes als kristallisierte, verdichtete mentale Substanz.

Das Mentale ist auch Materie, wenn auch verdünnter. Die mentale Substanz existiert im Reich der Minerale, Pflanzen, Tiere und Menschen.

Der einzige Unterschied, den es zwischen dem intellektuellen Tier und dem irrationalen Tier gibt, ist das, was man Intellekt nennt.

Der menschliche Zweibeiner gab der mentalen Substanz eine intellektuelle Form. Die Welt ist nichts anderes als eine mentale illusorische Form, die sich am Ende des großen kosmischen Tages zwangsläufig auflösen wird.

Meine Person, dein Körper, meine Freunde, alle Dinge, meine Familie, usw., sind im Grunde das, was die Hindustani Maya (Illusion) nennen, eitle mentale Formen, die früher oder später zu kosmischem Staub reduziert werden müssen.

Auch der Sinn der Reflexion geht über das hinaus, was man gewöhnlich unter Kontemplation eines Problems oder einer Idee versteht.

Es impliziert hier keine mentale Aktivität oder kontemplatives Nachdenken, sondern eine Art objektives Bewusstsein, klar und reflektierend, immer erleuchtet in seiner eigenen Erfahrung.

Deshalb ist *Gelassenheit* hier die Gelassenheit des Nicht-Denkens, und *Reflexion* bedeutet intensives und klares Bewusstsein.

Gelassene Reflexion ist das klare Bewusstsein in der Ruhe des Nicht-Denkens. Wenn die vollkommene Gelassenheit herrscht, erreicht man die wahre tiefe Erleuchtung.

Der missgebildete Riese Polyphemos

Menschen und Götter, erinnert euch an das verdammte Land, wo der missgebildete Riese Polyphemos früher lebte, immer begleitet von Hunderten seiner Brüdern, die ihm in Grausamkeit und monströser Statur gleich waren.

Odysseus, der schlaue Krieger, Zerstörer von Städten, suchte mit seinen Leuten Zuflucht in der Höhle dieses Riesen und dieser begann alle Gäste zu verschlingen, ohne die Regeln der Gastfreundlichkeit zu respektieren.

Doch der kluge Krieger, geschickt, gewitzt und scharfsinnig in allen Arten der Täuschung, konnte den unglaublichen Riesen, der gesättigt von Menschenfleisch war, mit köstlichem Wein betrunken machen.

Dann schlief das Monster neben der Feuerstelle auf dem Rücken und spie Wein gemischt mit Fleischbrocken derjenigen, die er auf unmenschliche Art geopfert hatte.

Das war eine gute Gelegenheit für einen Krieger, der sich in der Höhle des Löwen befand, und natürlich wusste der König von Ithaka (Odysseus) seinen Vorteil daraus zu ziehen.

Die alten Legenden erzählen, dass der schlaue Krieger, listig und durchtrieben wie kein anderer, einen Pfahl nahm, dessen Spitze im Feuer gehärtet war, und ihn ohne zu zögern in das einzige Auge des Kolosses stieß und danach hastig aus dieser Höhle floh.

Äneas, der berühmte Trojaner bestätigte die Wahrheit dieser Geschichte, als er mit dem Schiff in Richtung Latium fuhr.

Er ging mit seinen Leuten in diesem unwirtlichen Land von Bord und hörte die Geschichte aus dem Mund von Achaemenides und sah, wie Polyphemos inmitten seiner Schafe erschien und in Richtung Meer ging, zu einer hohen Klippe.

Voller Panik gingen dien Trojaner heimlich am Bord, nahmen Achaemenides mit und machten die Leinen los.

Der Riese hörte das Schlagen der Ruder, und obwohl er nicht daran dachte, die Seefahrer zu verfolgen, brüllte er mit lauter Stimme wie ein Löwe und hundert Titanen erschienen, so groß wie die hohen Zedern oder Kiefern, die den heiligen Wald der Diana zieren.

Dies sind also die „Riesen“ des Altertums, die vor- und nachsintflutlichen Gibborim der Bibel.

Die fünf Statuen von Bamiyan, die von dem berühmten chinesischen Reisenden Xuanzang wiederentdeckt wurden, kommen mir nun in den Sinn.

Die Größte repräsentiert die erste Rasse der Menschheit, deren protoplasmatischer Körper, halb-ätherisch, halb-physisch, auf diese Weise als Lehre für die zukünftigen Generationen in hartem Stein verewigt wurde; denn auf andere Weise hätte ihr Andenken die Sintflut nicht überlebt.

Die zweite Statue, 120 Fuß hoch, repräsentiert eindeutig die hyperboreische Rasse, die aus dem Schweiß geborenen.

Die Dritte misst 60 Fuß und verewigt weise die lemurische Rasse, die den Kontinent Mu oder Lemuria bewohnte, der sich im Pazifischen Ozean befand; ihre letzten Nachkommen werden durch die berühmten Statuen der Osterinseln dargestellt.

Die vierte Rasse, die durch die entsprechende Statue repräsentiert wird, lebte auf dem Kontinent Atlantis im Atlantischen Ozean und war noch kleiner, wenn auch riesig im Vergleich zu unserer heutigen fünften Rasse.

Die letzte dieser fünf Statuen ist etwas größer als eine durchschnittlich große Person unserer aktuellen Rasse.

Es ist offensichtlich, dass diese Statue die arische Menschheit verkörpert, die die heutigen Kontinente bewohnt.

In jedem Winkel der Welt gibt es zyklopische Ruinen und kolossale Steine, die ein lebendiges Zeugnis dieser Riesen sind.

In der Antike gab es riesige Steine, die gingen, sprachen, weissagten und sogar sangen.

Es steht geschrieben, dass der Stein des Christus, der spirituelle Fels, der Israel folgte, sich in Jupiter Lapis verwandelte, der von seinem Vater Saturn in Form eines Feuersteins verschlungen wurde.

Wenn es keine Riesen gegeben hätte, die diese gewaltigen Felsen bewegen konnten, hätte es nie ein Stonehenge, ein Carnac (Bretagne) und andere ähnliche zyklopische Konstruktionen geben können.

Wenn in früheren Zeiten auf dem Antlitz der Erde keine wahre und echte magische Wissenschaft existiert hätte, hätte es nie so viele weissagende und sprechende Zeugnisse aus Stein gegeben.

In einem Gedicht, das Orpheus zugeschrieben wird, werden diese Steine in Ophites und Siderites eingeteilt, in den „Schlangenstein" und den „Sternenstein".

Der Ophit ist rau, hart, schwer, schwarz und hat die Gabe der Sprache; wenn man ihn wegwerfen will, so bringt er einen Ton hervor, der dem Schrei eines Kindes ähnelt. Mithilfe dieses Steins sagte Helenos die Zerstörung von Troja, seiner geliebten Heimat vorher.

Sehr heilige antike Dokumente bestätigen, dass Eusebius sich niemals von seinen Ophiten trennte und, dass er Orakelsprüche von ihnen empfing, die durch von einem Stimmchen geäußert wurden, die einem leisen Zischen ähnelte; die gleiche Stimme hörte Elias oder Elijah nach dem Erdbeben im Höhleneingang (1. Könige 19:12).

Der berühmte Stein von Westminster wurde Liafail oder der sprechende Stein genannt und er erhob seine Stimme nur, um den König zu benennen, der gewählt werden sollte.

Dieser Stein hatte eine Inschrift, die vom Staub der Jahrhunderte zerstört wurde und besagt:

Ni fallat fatum, Scoti quocumque locatum invenient lapidem, regnasse tenentur ibidem.

Suidas sprach über einen Mann, der auf den ersten Blick zwischen unbelebten Steinen und denen, die sich bewegen konnten, unterscheiden konnte. Plinius erwähnt Steine, die sich entfernten, wenn eine Hand sich ihnen näherte.

Die riesigen Steine von Stonehenge wurden früher Chior-Gaur oder der Tanz der Riesen genannt.

Verschiedene sehr gelehrte Autoren sprachen über die Ruinen von Stonehenge, Carnac und West Hoadley und berichten auf wunderbare Weise über dieses ganz besondere Thema.

In diesen Regionen befinden sich riesigen Monolithen, von denen einige über 500.000 Kilogramm wiegen.

Die Riesen der alten Zeiten konnten damals diese Blöcke heben, sie perfekt symmetrisch platzieren und sie in einem solch wunderbaren Gleichgewicht aufstellen, dass es schien, als ob sie kaum den Boden berühren würden und als ob die leichteste Berührung sie bewegen könnte; dennoch widersetzen sie sich der Anstrengung von zwanzig Männern, die sie verrücken wollten.

Es waren Riesen, die die Steine für den Bau der Pyramiden in Ägypten transportiert haben.

Die wackelnden Steine waren ein Mittel der Weissagung, das von den Riesen genutzt wurde, aber warum wackeln sie?

Die größten von ihnen sind offensichtlich Relikte der Atlanter; die kleinsten sind die Steine von Brimham, mit wackelnden Steinen auf dem Gipfel, es sind Kopien der noch älteren Lithoi.

Die Rune Bar

Wenn wir in der goldenen Sprache sprechen, im reinsten Gold der göttlichen Sprache, entdecken wir mit mystischem Erstaunen, dass „Bar" in Syrien „Sohn" bedeutet.

Das Wort Baron besteht aus den zwei heiligen Silben, „Bar" und „On"; es sollte weise übersetzt werden mit „Sohn der Erde".

Christus, der solare Logos hat eine noch tiefere Bedeutung: in der aramäischen Sprache ist er „Bar-Ham" der Menschensohn.

Zweifellos ist der Christos oder der siegreiche kosmische Chrestos nicht Jesus, obwohl Er in ihm inkarniert war; auch ist er nicht Buddha, aber auf seinen fruchtbaren Lippen wurde Sein Wort lebendig; er war nicht Moses aber Er erstrahlte auf seinem Gesicht auf dem Berg Nebo; er war nicht Hermes, aber lebte inkarniert in ihm; der Herr besitzt keine Individualität.

„Dem der weiß, gibt das Wort Macht, niemand hat es ausgesprochen, niemand wird es aussprechen, nur derjenige, der Es inkarniert hat.

Es ist notwendig, dass jeder Menschensohn (sei es Jesus, Buddha, Krishna, oder wie auch immer er heißt), *vieles erleiden muss und von den Ältesten* (die in der Welt als besonnen, vernünftig und taktvoll angesehen werden), *den Hohepriestern* (Menschen mit weltlicher Autorität) *und den Schriftgelehrten* (die in der Welt als weise angesehen werden) *zurückgewiesen wird und dass er getötet wird und am dritten Tage aufersteht ... Wahrlich ich sage euch: Es stehen etliche hier, die nicht schmecken werden den Tod, bis dass sie des Menschen Sohn kommen sehen in seinem Reich.*

Wer mir folgen will, der verleugne sich selbst (löse sein Ich auf), *nehme täglich sein Kreuz auf sich und folge mir nach. Denn wer seine Seele retten will* (der Egozentriker) *wird sie verlieren, wer aber aus Liebe zu mir seine Seele verlieren will* (d. h., der, der in sich selbst sterben will) *wird sie retten.*

Was nützt es einem Menschen, wenn er die ganze Welt gewinnt und dabei sich selbst verliert?

Denn wer sich meiner und meiner Worte schämt, dessen wird sich der Menschensohn schämen, wenn er in seiner Hoheit kommt und in der Hoheit des Vaters und der heiligen Engel.“ (Lukas 9: 22 – 27).

Wenn wir die kosmische Grammatik studieren, können wir selbst feststellen, dass eine innige Beziehung zwischen den Runen Tyr oder Tir und Bar existiert.

„Tir“ entspricht esoterisch dem Sternzeichen Fische; „Bar“ erstrahlt feurig in der leuchtenden Konstellation des Widder; das erinnert uns an die okkulte Beziehung, die zwischen Wasser und Feuer, Tod und Leben existiert.

Wenn wir vor die heilige Silbe „Ar“ den Buchstaben „B“ stellen, wollen wir damit auf die Notwendigkeit hinweisen, die Sonne zur Erde zu bringen. „Ar-Bar-Man“ ist der ursprüngliche Name von „Abraham“.

Den Christus in sich selbst zu inkarnieren ist wesentlich, unerlässlich und grundlegend, um sich selbst in einen Menschensohn zu verwandeln; nur so haben wir das Recht, in den Orden des Melchisedek einzutreten. Es ist angebracht, die Kinder der Erde, die Bewohner dieser Welt, die lunare Rasse, zu erinnern, dass so wie das Wasser der antiken Geschichte ein Ende gesetzt hat, genauso das Feuer sehr bald alles, was Leben in sich trägt, zerstören wird.

Wehe! Wehe! Wehe den Bewohnern der Erde; Wehe dieser verdorbenen Rasse des Adam.

Es wird aber des Herrn Tag kommen wie ein Dieb in der Nacht, an welchem die Himmel zergehen werden mit großem Krachen; die Elemente aber werden vor Hitze schmelzen, und die Erde und die Werke, die darauf sind, werden verbrennen. (Petrus II: 3;10)

Es ist gut für die Kinder der Erde zu wissen, dass die solare Rasse im Land von Tausendundeine Nacht wohnt, im Land Jinas.

Es ist dringend notwendig, unerlässlich, uns tatsächlich in Könige und Priester der Natur zu verwandeln, entsprechend des Ordens von Melchisedek; nur so können wir gerettet werden.

Wir müssen und können eindeutig erklären, dass es eine der vielfältigen, beunruhigenden Facetten des Lebens ist, dass neben uns eine

Menschheit existiert, die für uns nicht sichtbar ist, wegen unserer Sünden und sexuellen Ausschweifungen.

Mit Einwilligung der sehr verehrten und ehrwürdigen Meister wurde mir erlaubt, die lunaren Menschen darüber zu informieren, dass der Orden des Melchisedek viele Bruderschaften hat; erinnern wir uns wenigstens für einen Moment an das transzendentale Mont-Salvat; das exotische Shamballa; die Heilige Insel des Nordens, die sich am Nordpol befindet; an den göttlichen Orden von Tibet, dem ich die Ehre habe, anzugehören, usw.

Es ist offensichtlich, dass diese unbeschreiblichen Bruderschaften unzugänglich sind, dank des Schleiers der Isis. Es ist notwendig, den Menschen zu erklären, dass der adamische sexuelle Schleier nur vom inneren Christus gelüftet werden kann.

Der Menschensohn ist aus Feuer und Wasser geboren; das ist die Synthese-Religion; die Doktrin des Jano (Janus) mit seinen drei Radikalen I. A. O.

Aber die Kinder der Erde verabscheuen diese Doktrin, denn ihr Motto ist: „Lasst uns essen und trinken, denn morgen werden wir sterben."

Es steht geschrieben, dass die atlantische Rasse vom Avernus verschlungen wurde; nur die Kinder der Sonne wurden gerettet.

Im Einklang mit dem Gesetz der Rekurrenz wird sich dieses Ereignis wiederholen; der Eintritt der aktuellen Menschen in die Involution des planetarischen Organismus, auf dem wir leben, ist offensichtlich, wohlbekannt, eindeutig. Es gibt drei Arten von Kirchen.

Erstens: die triumphierende Kirche, die strahlend von den wenigen Rittern des Grals repräsentiert wird, die rein geblieben sind.

Zweitens: die gescheiterte Kirche derjenigen, die den Stein der Einweihung verabscheuen.

Drittens: die militante Kirche derjenigen, die wie Maria Magdalena, Paulus von Tarsus, Kundry und Amfortas noch immer gegen das luziferische, versuchende Feuer rebellieren.

Die triumphierende Kirche ist eindeutig die der Brüder, die den steinigen Weg der Errettung schon überwunden haben – per aspera ad astra – wie das lateinische Motto sagt, wahre Kinder Gottes im schönsten mystischen Sinn.

Gotteskinder und Menschensohn sind Synonyme der christlichen Esoterik. Sie sind die Ritter des Heiligen Grals.

Übung:

Kombiniert auf intelligente Weise die Übung der Rune Bar mit derjenigen der Rune Tyr oder Tir.

Hebt die Arme hoch über den Kopf und senkt sie dann, während die Hände wie Muscheln geformt sind, und singt die Mantrams Tir und Bar folgendermaßen: Tiiiiiiiiiiiirrrrrrr .... Baaaaaaarrrrrrrrr ....

Ziel dieser Übung:

1. Das weise Mischen der magischen Kräfte der beiden Runen in unserem eigenen inneren Universum.

2. Das Erwecken des Bewusstseins

3. Die innerliche Sammlung Christischer Atome mit hoher Spannung.

Die zehn Regeln der Meditation

Die wissenschaftliche Meditation hat zehn grundlegende Regeln, ohne die es unmöglich wäre, sich zu emanzipieren, sich von den erdrückenden Fesseln des Verstandes zu befreien.

1. Regel: sich des Gemütszustandes, in dem wir uns befinden, voll bewusst zu werden, bevor irgendein Gedanke aufkommt.

2. Regel: Psychoanalyse: Die Untersuchung, Erforschung, Analyse der Wurzel und des Ursprunges jedes Gedankens, jeder Erinnerung, Zuneigung, Emotion, jedes Gefühls, Grolls, usw., so wie sie im Verstand auftauchen.

3. Regel: die gelassene Beobachtung des eigenen Verstandes; allen mentalen Formen, die auf dem Bildschirm des Intellekts erscheinen, perfekte Aufmerksamkeit schenken.

4. Regel: versuchen, dieses „Gefühl der Beobachtung“ von Moment zu Moment im Verlauf des täglichen Lebens nicht zu vergessen.

5. Regel: Der Verstand muss einen vollkommen empfänglichen psychologischen Zustand annehmen, konzentriert, gelassen, ruhig, tief.

6. Regel: es muss Beständigkeit des Ziels, Ausdauer, Beharrlichkeit, Konstanz und Hartnäckigkeit in der Technik der Meditation existieren.

7. Regel: es ist wohltuend und lohnenswert, immer, wenn es möglich ist, die Meditationsräume (Gnostische Lumisiale) zu besuchen.

8. Regel: es ist dringend notwendig, Wächter unseres eigenen Verstandes zu werden und während jeder aufregenden, aufwühlenden Aktivität zumindest einen Moment innezuhalten, um sie zu beobachten.

9. Regel: es ist unerlässlich und notwendig, immer mit geschlossenen Augen zu praktizieren, um äußerliche sensorische Wahrnehmungen zu vermeiden.

10. Regel: absolute Entspannung des Körpers und die weise Kombination von Meditation und Schlaf.

Geliebter Leser, der Moment ist gekommen, diese zehn wissenschaftlichen Regeln der Meditation gründlich abzuwägen und zu analysieren.

A.– Das Prinzip, die Basis, die lebendige Grundlage des Samadhi (Ekstase) besteht aus einem gesammelten introspektiven Wissen über sich selbst. Es ist unerlässlich, sich während einer tiefen Meditation in sich selbst zu versenken.

Wir müssen damit beginnen, den Gemütszustand, in dem wir uns befinden, zu erkennen, bevor eine mentale Form im Intellekt erscheint.

Es ist dringend notwendig zu verstehen, dass jedem Gedanken, der im Verstand auftaucht immer Schmerz oder Vergnügen, Freude oder Sieg, Gefallen oder Nichtgefallen vorausgeht.

B.– Gelassene Reflexion. Den Ursprung, die Ursache, den Grund oder das grundlegende Motiv jedes Gedankens, jeder Erinnerung, jedes Bildes, jedes Gefühls, jedes Wunsches, usw., untersuchen, bewerten, erforschen, während es im Verstand auftaucht. In dieser zweiten Regel finden wir Selbst-Entdeckung und Selbst-Offenbarung.

C.– Gelassene Beobachtung. Vollkommene Aufmerksamkeit auf jede mentale Form richten, die auf dem Bildschirm des Intellekts erscheint.

D.– Wir müssen uns in Spione unseres eigenen Verstandes verwandeln, indem wir ihn in jedem Augenblick beobachten.

E.– Das Chitta (der Verstand) verwandelt sich in Vrittis (vibrierende Wellen). Der Verstand ist wie ein friedlicher ruhiger See. Wenn ein Stein hineinfällt, steigen Luftblasen vom Boden auf. All die verschiedenen Gedanken sind störenden Wellen auf der Oberfläche des Wassers.

Der See des Verstandes sollte während der Meditation immer klar, ruhig, tief, ohne Wellen bleiben.

F.– Unbeständige, wankelmütige, sprunghafte, flatterhafte Personen, ohne Stabilität, ohne Willen werden nie die Ekstase erlangen, das Satori, das Samadhi.

G.– Es ist offensichtlich, dass die wissenschaftliche Meditation sowohl einzeln als auch in Gruppen von Gleichgesinnten praktiziert werden kann.

H.– Die Seele muss sich vom Körper, den Emotionen und dem Verstand befreien. Es ist offensichtlich und bekannt, dass die Seele, wenn sie sich vom Intellekt befreit, sich radikal von allem anderen befreit.

I.– Es ist dringend notwendig, unerlässlich, die äußeren sensorischen Wahrnehmungen während der inneren tiefen Meditation auszublenden.

J.– Es ist unerlässlich, den Körper für die Meditation zu entspannen; kein Muskel darf angespannt bleiben. Es ist notwendig, den Schlaf willentlich zu provozieren und zu regulieren.

Es ist offensichtlich, bekannt und unbestreitbar, dass durch die weise Kombination von Schlaf und Meditation das entsteht, was wir Erleuchtung nennen.

Ergebnisse: An der mysteriösen Schwelle des Tempels von Delphi war ein griechischer Leitspruch in den lebenden Stein eingraviert: „Nosce te ipsum". Mensch erkenne dich selbst und du wirst das Universum und die Götter erkennen.

Es ist offensichtlich und klar, dass die Studie seiner selbst, die ruhige Reflexion, letztendlich in der Ruhe und Stille des Verstandes endet.

Wenn der Verstand ruhig und still ist, nicht nur auf intellektuellem Niveau, sondern in jeder einzelnen der 49 unterbewussten Ebenen, erscheint das Neue; die Essenz, das Bewusstsein befreit sich und das Erwachen der Seele findet statt; die Ekstase, das Samadhi, das Satori der Heiligen. Die mystische Erfahrung der Realität verwandelt uns vollkommen.

Leute, die die Wahrheit nie direkt erfahren haben, flattern wie Schmetterlinge von Schule zu Schule, sie haben ihr kosmisches Zentrum der Schwerkraft nicht gefunden und sterben gescheitert, ohne die so ersehnte innere Selbstverwirklichung erreicht zu haben.

Das Erwachen des Bewusstseins, der Essenz, der Seele oder des Buddhata ist nur möglich, wenn wir uns vom mentalen Dualismus, dem Kampf der Antithesen, den intellektuellen Wellen befreien. Jeder unterbewusste, infrabewusste und unbewusste Kampf verwandelt sich in ein Hindernis für die Befreiung der Essenz (Seele).

Jeder Kampf der Gegensätze so unbedeutend und unbewusst er auch sein mag, zeigt, deutet, verweist auf dunkle, unbekannte, unbeachtete Punkte in den atomaren Höllen des Menschen.

Diese infrahumanen Aspekte des „Mich Selbst“, diese dunklen Punkte, zu beobachten, zu erkennen, darüber zu reflektieren, erweist sich als unverzichtbar, um die absolute Stille und Ruhe des Verstandes zu erreichen.

Nur in Abwesenheit des *Ichs*, ist es möglich, das zu erfahren, was nicht der Zeit angehört.

Die Tragödie der Königin Dido

Niemand kann bestreiten, dass die ewige kosmische Mutter zwei gegensätzliche Aspekte hat: Venus und Astaroth, Eva und Lillith; Sophia Achamoth und Sophia Prunikos.

Sprechen wir nun über Venus oder besser gesagt über Astaroth, den negativen Aspekt von Prakriti, ihre finstere Antithese in der Natur und im Menschen.

Die alte Legende berichten, dass die Grausamkeit von Kali das Herz der Königin Dido entflammen ließ. Die unglückliche Königin wollte nicht verstehen, dass diese Leidenschaft dem Willen der heiligen Götter widerspricht.

Oh Dido! Licht der köstlichen Träume, Blume eines bezaubernden Mythos, deine bewundernswerte Schönheit besingt die Anmut von Hermaphroditos und die Grazie von Atalanta; und aus deiner zweideutigen Schönheit erdichtet die beschworene antike Muse eine Hymne des Feuers.

Aus der Amphore, in der der alte Wein ist, trinkt Äneas durstig, Phebo runzelt die Stirn und auch Juno, aber Kali-Astaroth lacht wie immer und Eros gießt seinen Liebestrank in die Kelche von Hebe.

Bevor sie Äneas, den berühmten Trojaner, kennenlernte, wurde die unglückliche Königin umworben von Iarbas, dem König von Libyen, einem tapferen Mann, der keine Kränkungen duldete, einem unglaublichen Bogenschützen, der mit seinem kriegerischen Volk nahe der afrikanischen Wüste wohnte.

Arme Dido! … Was für einen schrecklichen inneren Kampf musste sie ausfechten, zwischen ihrer heiligen Pflicht, der Liebe zu ihrem Volk und der grausamen Wunde von Cupido. Der Letztere begann sein zerstörerisches Werk, indem er das Bild von Siqueo, ihrem ersten Ehemann gefühllos aus dem Gedächtnis der Königin löschte.

Lilith-Astaroth … welchen Schaden hast du verursacht! Göttin der Wünsche und Leidenschaften, Mutter des Cupido … die menschlichen Gefühle lassen deinetwegen Herzen bluten. Oh Königin, du hast den fürchterlichen Eid vergessen und fandest auf deinem Weg einen Trojaner, der deinen Lippen, die durstig nach neuem Leben waren, einen schönen Becher mit köstlichem Wein gab.

Und als Cupido ankam, entflammte er in deinem scharlachroten wilden Blut eine dreifache Flamme und du opfertest die Früchte deines Lebens der schrecklichen sexuellen Leidenschaft in den brennenden Weinreben.

Die Schönheit, der das schreckliche Schicksal befahl, sich durch so viele Zärtlichkeiten Qualen zuzufügen, erhielt von Luzifer eine seltsame schwarze Perle für ihr Diadem aus Wahnsinn.

Die unglückliche Königin fragte ihre Schwester Anna um Rat und beide besuchten die Altäre verschiedener Götter auf der Suche nach Vorzeichen, die ihre Wünsche begünstigten.

Sie brachten Opfer dar für Ceres, für Febo Apolo, für Dionisios und ganz besonders für Juno, die Göttin der Frauen, die in der Neunten Sphäre arbeiten. Juno segnet auch die rechtmäßigen und perfekten Hochzeitszeremonien. Viele Male (oh Gott!) beugte sich die tragische Königin über die offenen Wunden der unschuldigen getöteten Opfer, um ihre pulsierenden Organe zu untersuchen, aber eine verliebte Frau, deren Bewusstsein schläft, ist natürlich immer bereit, alle Zeichen zugunsten ihres Traums zu interpretieren.

Vom Himmel aus beobachtete Juno, die Göttin der eingeweihten Frauen, entrüstet die schrecklichen Fortschritte, die Astaroth-Kali bei der armen Dido machte, aber alle Einsprüche und Proteste waren vergeblich.

Von Leidenschaft verzehrt, verbrachte die unglückliche Herrscherin jede Nacht wach und dachte nur an Äneas. Unsterblich verliebt baute der berühmte Trojaner die Mauern von Karthago wieder auf und arbeitete daran, eine fremde Stadt zu befestigen.

Ach! Wie anders wäre das Schicksal der armen Dido gewesen, hätte Merkur, der Bote der Götter nicht interveniert.

Der heroische trojanische Paladin sollte nach Latium marschieren und die Person vergessen, die ihn verehrte, so lautete der Befehl von Jupiter, dem Vater der Götter und Menschen.

„Nicht aus Dardanos' Stamm; von des Kaukasus starrenden Felsen bist du erzeugt. Dich nährte die Milch hyrkanischer Tiger“, so rief die verzweifelte und verlassene Herrscherin.

Sinnlos war all ihr Klagen und Jammern ... die unglückliche Braut war nicht in Aulis, um den Göttern zu opfern, um die Zerstörung der Stadt des Priamos zu beschwören, sie war nie verbündet mit den Achäern. Warum? Warum? Warum, oh Gott, ... musste diese Unglückliche so viel leiden?

Die unglückselige Herrscherin, die versklavt wurde durch den grausamen Pfeil der sexuellen Leidenschaft, beschwor den Tod. Sinnlos waren ihre Opfergaben auf dem Altar der Göttin Juno, denn tierische Leidenschaft erhält keine Antwort von den Göttern.

Ach! Wenn die Leute wüssten, dass das Gift der tierischen Leidenschaft den Verstand und das Herz betrügt. Die unglückliche Königin glaubte, verliebt zu sein, der Pfeil des Cupido hatte ihr Herz getroffen, aber eigentlich war es Leidenschaft, was sie fühlte.

Die Unglückliche flehte vor dem Altar der Juno, als sie plötzlich sah, dass das Weihwasser schwarz wie Cilicium und der heilige Wein des Trankopfers rot wie Blut geworden war.

Schreckliche Momente ... Auf dem einsamen Dach des Palastes sang die Eule des Todes ihr düsteres Lied und die Herrscherin träumte manchmal davon, in einer unendlichen Wüste zu wandern, auf der Suche nach ihrem verehrten Äneas, verzweifelt und verfolgt von den unbarmherzigen Furien.

Die Unglückliche kannte jedoch die magischen unfehlbaren und wunderbaren Mittel, um eine tierische Leidenschaft zu vergessen.

„Ich werde es dir verraten, damit du mir hilfst“ – sagte sie zu ihre Schwester Anna – *„du sollst einen großen Scheiterhaufen errichten, im großen Saal des Palastes, der dem Meer zugewandt ist und auf ihn werde ich die Erinnerungen an Äneas werfen und sie verbrennen; auch sein Schwert, das mit Gold besetzt ist, das mir der Gottlose als Geschenk unserer Hochzeit, die nie stattgefunden hat, gegeben hat.“*

Unglücklicherweise entschloss sich die verliebte Herrscherin, sich selbst in den Flammen zu opfern, anstatt die Erinnerungen an den berühmten Trojaner auf dem Scheiterhaufen zu verbrennen.

Sie befestigte an ihren königlichen Schläfen die heiligen Bänder derjenigen, die geopfert werden sollten und auf dem Scheiterhaufen stehend, bat sie als Zeugen die hundert Götter sowie Erebus, Chaos und Hekate, der dritte Aspekt der heiligen kosmischen Mutter.

Sie, die unglückliche Herrscherin, die die magischen Kräfte der lunaren Kräuter als Brennstoff hätte nutzen können, um die Erinnerungen, Leidenschaften und schlechten Gedanken einzuäschern, wollte sich selbst gewaltsam auf dem Scheiterhaufen des Todes verbrennen.

Sie flehte die Sonne an, rief nach Juno, beschwor die Furien der Rache, beging den Fehler, Äneas zu verfluchen und stieß sich letztendlich das Schwert des Trojaners ins Herz. Ihre Schwester fand sie brennend ihm Feuer, so starb die Königin Dido.

Die Rune Ur

Ich konnte mich selbst davon überzeugen, dass der Mond die Mutter der Erde ist, indem ich den unendlichen Raum beobachtete, indem ich die Akasha-Chroniken der Natur erforschte.

Mit dem entwickelten Auge des Dagma werde ich in das große Alaya eintauchen, die berühmte Überseele von Emerson, die Seele der sieben Amesha Spendas der Zoroastrier, die im vergangenen Mahamvantara des goldenen Lotos aktiv war.

Deshalb werde ich Zeugnis ablegen von dem, was ich gesehen und gehört habe, hört mich an Menschen und Götter: Ich kenne die „sieben Mysterien des Mondes" sehr genau, die „sieben Juwelen", die „sieben Wellen des Lebens", die in dem, was die Theosophen „lunare Kette" nennen, evolutioniert und involutioniert haben.

In Wirklichkeit ist der Mond nur in einem Sinn ein Satellit der Erde, nämlich in dem Sinne, dass er sich um unsere Welt dreht.

Wenn man die Dinge aus einem anderen Blickwinkel betrachtet, wenn man sie mit dem „Auge des Shiva" (starke spirituelle Vision des Adepten oder Jivanmukta) erforscht, erscheint die Erde in Wahrheit ein Satellit des Mondes zu sein.

Belege dafür sind die Gezeiten, zyklische Veränderungen bei vielen Krankheitsformen, die mit den Mondphasen zusammenfallen; der Einfluss kann auch bei der Entwicklung der Pflanzen beobachtet werden und ist sehr ausgeprägt bei den Phänomenen der Empfängnis und Schwangerschaft aller Kreaturen.

Der Mond war ein bewohnter Planet, nun ist er ein kaltes Überbleibsel, ein Schatten, der von dem neuen Körper, auf den alle seine Kräfte und Lebensprinzipien übertragen wurden, angezogen wird; er ist verdammt, der Erde über viele Zeitalter hinweg zu folgen, er ist eine Mutter, die sich um ihre Tochter dreht, wie ein Satellit.

Ich lebte in der lunaren Menschheit, ich kannte ihre sieben Rassen, ihre Epochen der Zivilisation und Barbarei, die wechselnden Zyklen von Evolution und Involution. Als die Mondbewohner die sechste Unterrasse der vierten Runde erreichten, das Zeitalter, indem sich die Erdbewohner jetzt befinden, erfüllte ich eine ähnliche Aufgabe, wie jetzt auf diesem Planeten, auf dem wir leben. Ich lehrte das Volk des Mondes die Synthese-Religion, die im Stein der Einweihung (der Sexualität) enthalten ist, die Doktrin des Janus (I.A.O.) oder der Jinas.

Ich entzündete die Flamme der Gnosis unter den Mondbewohnern, ich gründete die gnostische Bewegung, … ich säte den Samen. Aber ich sage euch, ein Teil der Samen fiel neben den Weg und die weltlichen Vögel kamen und verschlangen sie. Ein Teil traf auf Felsen und Diskussionen, Theorien und Ängste, dorthin, wo es keine besonnenen tiefgründigen Menschen gab; diese Samen überstanden die Feuerprobe nicht und trockneten unter dem Licht der Sonne aus, sie hatten keine Wurzeln. Ein Teil fiel zwischen Dornen, zwischen Brüder, die sich gegenseitig mit Verleumdungen, Kritik, usw. verletzten. Die Dornen wuchsen und erstickten diese Samen.

Glücklicherweise war meine Arbeit als Sämann nicht vergebens, denn manche Samen fielen auf gute Erde und gaben Früchte, manche hundertfach, manche sechzigfach, manche dreißigfach.

Im Devamatri, Aditi oder kosmischen Raum, in der Rune Ur, in der mikrokosmischen Mensch-Maschine oder besser gesagt, im intellektuellen Tier existieren viele schlummernde Fähigkeiten, die durch furchtbare innere Superanstrengungen entwickelt werden können.

Auf dem antiken Mond, bevor dieser sich in einen Kadaver verwandelte, wurden jene, die die Synthese-Religion von Janus akzeptierten, gerettet und in Engel verwandelt; aber die Mehrheit, die Feinde des Maithuna, diejenigen, die den Stein der Einweihung (die Sexualität) ablehnten, verwandelten sich in die Luzifere, von denen die Bibel spricht, in schrecklich perverse Dämonen.

Selbstverständlich fehlt nie eine dritte Position; in der lunaren Apokalypse erwärmte sich eine bestimmte kalte Gruppe schließlich und akzeptierte die Arbeit in der neunten Sphäre (die Sexualität); diesen

Leuten wurde eine neue Heimat gegeben, um mit dem unbehauenen Stein zu arbeiten, bis er die perfekte kubische Form erreicht hatte.

„Der Stein, den die Bauleute verwarfen und der dennoch zum Eckstein wurde und ein Stein des Anstoßes und ein Fels des Ärgernisses.“

In jenen Zeiten hatten die Seleniten, die Mondbewohner, eine schrecklich blutrünstige Religion; die Pontifices eines solchen Kultes verurteilten mich zum Tod und ich wurde auf dem Gipfel nahe einer großen Stadt gekreuzigt.

Die Übertragung aller vitalen Kräfte des Mondes auf diesen Planeten Erde hinterließ die alte lunare Wohnstätte ohne Leben. Die lunare Seele ist jetzt in dieser Welt, auf der wir leben, reinkarniert.

Am Ende des lunaren Mahamanvantara, das 311.040.000.000.000 Jahre dauerte, d. h., ein Zeitalter des Brahma, ließ ich mich vom Absoluten absorbieren.

Es ist unerlässlich zu sagen, dass wir, die monadischen Wellen des Mondes, nach dem „Großen Tag“ in das runische Ur, in den tiefen Schoß der ewigen kosmischen Mutter eintauchten.

Es ist wichtig zu betonen, dass wir während jenes Maha-Samadhi (Ekstase ohne Ende) viel tiefer eintauchten und den Vater, Brahma, den universellen Geist des Lebens erreichten.

Es ist notwendig klarzustellen, dass Brahma selbst während der gesamten Periode des Mahapralaya, der großen Nacht, in das Absolute eintauchte.

Während der schrecklichen paranirvanischen Ruhe verwandelt sich die unbekannte Finsternis für uns Brüder in unmanifestiertes Licht.

UHR ist die Zeitmessung, das Mahamanvantara; RUH ist die Ruhe, das Große Pralaya.

Die kosmische Nacht dauert genauso lang wie der große Tag. Es ist meine Pflicht zu bestätigen, dass jeder von uns Brüdern vollkommen von seinem ursprünglichen Atom Ain Soph absorbiert wurde.

Wenn die Morgenröte des neuen kosmischen Tages beginnt, dehnt sich die ewige kosmische Mutter von innen nach außen, wie eine Lotusknospe. Das Universum entsteht im Schoß der Prakriti.

Übung:

Konzentrieren wir uns mit Liebe auf unsere Heilige Mutter, denken an diese große Gebärmutter, wo die Welten entstehen, und beten täglich wie folgt:

In meinem wahren Sein ist das göttliche Licht. Raammm … Iiiiooo ist die Mutter meines Seins, Devi Kundalini. Raammm … Iiiiooo, hilf mir, … Raammm … Iiiiooo, unterstütze mich, … Raammm … Iiiiooo, erleuchte mich.

Raammm … Iiiiooo ist meine Heilige Mutter. O Isis, du hältst das Kind Horus, mein wahres Sein in deine Armen, ich muss in mir selbst sterben, damit meine Essenz sich verliert in Ihm … Ihm... Ihm.

Hinweis:

Dieses Gebet soll in der Sonne gesprochen werden, mit erhobenen Armen; die Beine sollen geöffnet sein und der Körper leicht in der Hocke, um Licht und mehr Licht zu empfangen.

Die Geschichte von Meister Meng Shan

Alte Traditionen, die sich in der Nacht der Jahrhunderte verloren haben, erzählen, dass der chinesische Meister Meng Shan die Wissenschaft der Meditation vor seinem 20. Lebensjahr kennenlernte.

Es wird von den gelben Mystikern behauptet, dass der genannte Meister von diesem Alter an bis zum Alter von 32 mit den achtzehn Ältesten studierte.

Sicherlich ist es interessant, erfreulich und lohnend zu wissen, dass der große Erleuchtete mit unendlicher Demut zu Füßen des ehrwürdigen Alten Wan Shan studierte, der ihn lehrte, auf intelligente Weise das mächtige Mantra „Wu" zu benutzen, das man wie ein doppeltes „U" ausspricht, welches weise das Heulen des Orkans in den Schluchten der Berge imitiert.

Niemals konnte dieser Bruder den Zustand der wachsamen Aufmerksamkeit, der Wachsamkeit für Neues vergessen, der so unerlässlich, so notwendig ist, um das Bewusstsein zu erwecken.

Der ehrwürdige alte Guru Wan Shan sagte ihm, *dass es während der zwölf Stunden des Tages notwendig ist, aufmerksam zu sein wie eine Katze, die eine Maus jagt oder wie eine Henne, die ein Ei ausbrütet, ohne diese Aufgabe für eine Sekunde zu vernachlässigen.*

Anstrengungen zählen in diesen Studien nicht, nur Überanstrengungen; solange wir nicht erleuchtet sind, müssen wir ohne Pause arbeiten, wie eine Maus, die an einer Truhe nagt. Wenn wir auf diese Weise üben, können wir uns schließlich vom Verstand befreien und direkt das erfahren, was uns vollkommen verändert, das, was die Wahrheit ist.

Eines Tages, nach achtzehn Tagen und Nächten kontinuierlicher tiefer innerer Meditation setzte sich Meng Shan hin, um Tee zu trinken und dann ..., oh Wunder ..., verstand er den inneren Sinn der Geste

Buddhas, als die Blume zeigte und die tiefe Bedeutung des Mahakasyapa mit seinem unvergesslichen exotischen Lächeln.

Er befragte drei oder vier Ältere über diese mystische Erfahrung, aber sie bewahrten Stillschweigen. Andere erzählten ihm, er solle dieses esoterische Erfahrung mit dem Samadhi des Siegels des Ozeans gleichsetzen. Dieser weise Rat gab ihm natürlich viel Selbstvertrauen.

Meng Shan machte große Fortschritte in seinen Studien, jedoch gibt es im Leben nicht nur Rosen, sondern auch Dornen. Im Monat Juli des fünften Jahres des Chin Din (1264) erkrankte er unglücklicherweise in Chunking, einer Provinz in Szechuan an Ruhr.

Mit dem Tod auf den Lippen entschied er, sein Testament zu machen und seine irdischen Güter aufzuteilen. Als das vollbracht war, erhob er sich langsam, zündete Räucherwerk an und setzte sich auf einen erhöhten besonderen Platz; dort betete er still zu den drei Gesegneten und zu den Heiligen Göttern und bereute vor ihnen all seine schlechten Taten, die er in seinem Leben begangen hatte.

In Anbetracht des sicheren Endes seiner Existenz richtete er an die Erhabenen seine letzte Bitte: *„Ich wünsche, dass ich mich durch die Macht des Prajna und eines kontrollierten mentalen Zustandes an einem günstigen Ort inkarniere, wo ich in jungen Jahren Mönch (Swami) werden kann. Falls ich mich zufällig von dieser Krankheit erholen sollte, werde ich mich von der Welt abwenden, das Ordensgewand anlegen und versuchen, anderen jungen Buddhisten das Licht zu bringen.“*

Nachdem er dieses Gelübde abgelegt hatte, versenkte er sich in tiefe Meditation und sang mental das Mantram Wu. Die Krankheit quälte ihn, seine Gedärme folterten ihn schrecklich, aber er beschloss, ihnen keine Aufmerksamkeit zu schenken.

Meng Shang vergaß seinen eigenen Körper vollkommen, seine Augenlieder waren fest geschlossen und er verharrte wie tot.

Chinesische Traditionen erzählen, dass, als Meng Shan in Meditation versank, nur das Wort, d. h., das Mantram Wu (U... U...) in seinem Verstand erklang; danach wusste er nichts mehr von sich selbst.

Und die Krankheit? Was war damit? Was geschah dann? Es ist eindeutig nachvollziehbar, dass alle Beschwerden, jedes Leiden, jede Krankheit auf bestimmten mentalen Formen beruhen; wenn wir das absolute radikale Vergessen jeglichen Leidens erreichen, löst sich die intellektuelle Grundlage auf und die organischen Beschwerden verschwinden. Als Meng Shan sich bei Anbruch der Nacht von seinem Platz erhob, fühlte er mit unendlicher Freude, dass er bereits halb geheilt war; danach setzte er sich wieder hin und versenkte sich wieder in tiefe Meditation bis Mitternacht, so wurde er vollkommen geheilt.

Im Monat August ging Meng Shan nach Chiang Ning und trat voller Glauben in den Priesterstand ein; er blieb ein Jahr in jenem Kloster und begann dann eine Reise, auf der er sein eigenes Essen kochte, seine eigene Kleidung wusch, usw. So verstand er vollkommen, dass man für die Aufgabe der Meditation beharrlich, beständig, stark, unerschütterlich, konstant sein muss, ohne jemals müde zu werden.

Später, als er durch die chinesischen Länder reiste, kam er zum Kloster des Gelben Drachens, hier verstand er die Notwendigkeit das Bewusstsein zu erwecken, dann setzte er seine Reise nach Che Chiang fort.

Nach seiner Ankunft warf er sich zu Füßen des Meisters Ku Chan Tien nieder und schwor, das Kloster nicht zu verlassen, bis er die Erleuchtung erlangt hätte.

Im Laufe eines Monats intensiver Meditation holte er die Arbeit auf, die er auf der Reise verloren hatte, aber währenddessen war sein Körper mit furchtbaren Blasen bedeckt, die er absichtlich ignorierte und mit der esoterischen Disziplin fortfuhr.

Eines Tages luden ihn einige Personen zu einem köstlichen Mahl ein; auf dem Weg begann er mit seinem Hua Tou zu arbeiten und so in tiefe Meditation versunken, ging er an der Tür seines Gastgebers vorbei, ohne es zu bemerken; da verstand er, dass er die esoterische Arbeit weiterführen konnte, auch wenn er in physischer Aktivität war.

Am sechsten März, als Meng Shan mithilfe des Mantrams Wu meditierte, betrat der höchste Mönch des Klosters den Meditationsraum mit der Absicht, Räucherwerk zu verbrennen, aber als er an die Schachtel mit dem Räucherwerk stieß, erklang ein Geräusch und da erkannte Meng Shan sich selbst, konnte Chao Chou, einen berühmten chinesischen Meister sehen und hören und dichtete folgende Strophen:

„Verzweifelt erreichte ich den toten Punkt des Pfades;
ich schlug die Welle

(aber) es war nichts als Wasser;
oh, dieser bemerkenswerte alte Chao Chou,
dessen Gesicht so hässlich ist!“

Alle chinesischen Biografen stimmen überein, wenn sie behaupten, dass Meng Shan im Herbst mit Hsueh Yen in Ling An und mit Tui Keng, Shin Keng, Hsu Chou und anderen bemerkenswerten Älteren sprach.

Ich habe verstanden, dass das Koan oder der rätselhafte Satz, der für Meng Shan entscheiden war, zweifellos jener war, über den Wan Shan ihn befragte.

„Ist der Satz: das Licht, das ruhig auf den Sand des Ufers scheint, nicht eine prosaische Beobachtung dieses dummen Chang?“

Die Meditation über diesen Satz war für Meng Shan ausreichend, und als Wan Shan ihn später über den gleichen Satz befragte, d. h., als er die Frage wiederholte, antwortete der gelbe Mystiker, indem er die Matratze seines Bettes wegwarf, als würde er sagen: *„Ich bin schon erwacht!“*

Das Land der Toten

Äneas, der berühmte Trojaner, bestieg olympisch und feierlich den erhabenen Berg des Apollo, auf dessen majestätischem Gipfel sich die mysteriösen Höhlen der Pythia befanden.

Nahe dem Tempel war der heilige Wald des dritten Aspektes der göttlichen Mutter Kundalini, der unaussprechliche Wald von Hekate, Proserpina, Coaticlue.

Es war ein hermetisch verschlossenes Heiligtum mit hundert Türen, einem prächtigen Eingang, in den Dädalus, der geschickte Bildhauer mit außergewöhnlicher Meisterschaft, wunderbare Reliefs gemeißelt hatte.

Ikarus mit seinem I. A. O, dessen Abbild von seinem Vater in den heiligen Felsen des mysteriösen Einganges gemeißelt wurde, wollte in den Himmel aufsteigen, sich in einen Sohn der Sonne verwandeln, aber seine Flügel aus Wachs schmolzen und er fiel in den schrecklichen Abgrund. Ein wunderbares Symbol, der vergebliche Versuch derjenigen, die nicht mit dem strahlenden und spermatischen Fiat des ersten Augenblicks zu arbeiten wissen; das Unglück, der Fall der Alchemisten, die die „Materia Prima" des großen Werkes verschütten.

War Dädalus etwa nicht der berühmte Bildhauer, der Schöpfer des Ikarus, derjenige, der Theseus lehrte, aus dem komplizierten Labyrinth von Kreta zu fliehen? Entsetzliche Gänge, in dessen Zentrum immer der berühmte Minotaurus war, halb Mensch, halb Tier. Komplizierter Intellekt, der in sich selbst eingekapselt ist.

Nur indem wir die innere Bestie auslöschen, können wir uns wirklich befreien; nur indem wir das tierische Ego auslöschen, erreichen wir die innere Selbstverwirklichung.

„Dies ist nicht die Zeit, Kunstwerke zu betrachten", – sagte die Priesterin – *„bald kommt Apollo wie ein Wirbelsturm."*

Dann opferte der berühmte Trojaner hundert schwarze Lämmer zu Ehren von Proserpina, dem dritten manifestierten Aspekt der ewigen kosmischen Mutter, der Königin der Höllen und des Todes.

Als die Sibylle dies sagte … oh Gott … erschütterte ein schreckliches Erdbeben die Eingeweide der Erde und die Priesterin rief verklärt aus: *„Apollo! Hier ist Apollo! Ach Äneas! Höre mich an! Bete! Die Tore dieser Höhle werden sich nicht öffnen, bevor du das nicht getan hast!“*

Die Legenden der Jahrhunderte erzählen, dass der berühmte Mann seine glühenden Bitten an Apollo richtete, als er diese ehrwürdigen Worte hörte.

Mit einer durch Ekstase verklärten Stimme sprach die Vestalin und warnte den bedeutenden Krieger; sie sagte voraus, dass er seine Füße auf die italienischen Küsten setzen würde, sich in Lavinium niederlassen würde und dass ein zweiter Achilles, so stark wie der erste, ihm den Krieg erklären würde. Sie sagte, dass die latinischen Flüsse Blut führen würden, so wie in Troja der Skamander und der Simois, aber er sollte sich weder entmutigen lassen noch den Hindernissen ausweichen, den am Ende würde Rettung von einer griechischen Stadt kommen.

Auf diese Weise verbreitete das Heiligtum von Cumae seinen heiligen Schrecken auf dem Berg; in den Tiefen des Tempels heulte die Erde, und die Wahrheit tarnte sich als Finsternis.“ (Demonius est Deus Inversus).

Und Äneas bittet die Sibylle, fleht, weint, fragt um Erlaubnis, das Land der Toten zu betreten, er will in das Reich Plutos hinabsteigen und sagt:

„Hier kann man in die Wohnstädte der Toten hinabsteigen. Kannst du mich nicht begleiten, um meinen Vater zu besuchen? Denk daran, dass er mich auf meiner Flucht begleitet hat.

Ich habe ihn auf meinem Rücken getragen, als wir aus den rauchenden Ruinen von Troja flohen.

Und er war es selbst, der mich zu dir führte und mich bat, dich um diesen Gefallen zu fragen: Sag mir, ist es zu viel verlangt? Wenn Orpheus dort hinabstieg, nur mit seiner wohlklingenden Leier bewaffnet; wenn Theseus und auch Herkules hinabstiegen, warum darf ich nicht gehen, der ich der Enkel von Jupiter bin?“ (Äneas war ein Eingeweihter).

Sicherlich ist es einfach, in die Unterwelt hinabzusteigen, um in der neunten Sphäre zu arbeiten und das Ich aufzulösen, aber es ist fürchterlich schwierig, zurückzukehren. *Da ist die harte Arbeit! Da ist die schwierige Prüfung!*

Proserpina, die Königin der Unterwelt und des Todes, ist gewiss sehr launisch und sie verlangt, von denen, die sie besuchen als Geschenk immer die goldene Knospe, den goldenen Zweig des Baumes der Erkenntnis und mit reichlich Samen.

Glücklich ist derjenige, der den magischen Baum findet, der übrigens nicht weit entfernt ist; es ist unsere eigene Wirbelsäule; ihm werden sich die Tore des Pluto öffnen.

„Derjenige, der aufsteigen möchte, muss zuerst absteigen, das ist das Gesetz.“ Die Einweihung ist Tod und Geburt zur gleichen Zeit.

Aber ihr, die ihr diese Zeilen lest, *„lasst die Toten ihre Toten begraben und folgt mir.*

„Wer mir nachkommen will, verleugne sich selbst, nehme sein Kreuz und folge mir.“

Sich selbst zu verleugnen bedeutet das „Ich“ zu eliminieren, von Moment zu Moment zu sterben, das „mich selbst“ von Augenblick zu Augenblick zu Staub zu reduzieren.

Das schwere Kreuz des Meisters auf unsere Schultern zu nehmen, ist etwas zutiefst Bedeutendes; der senkrechte Balken dieses heiligen Symboles ist männlich; der waagerechte Balken ist weiblich; in der sexuellen Kreuzung der beiden Pole befindet sich der Schlüssel der zweiten Geburt.

Dem Herrn von Sekunde zu Sekunde zu folgen bedeutet, sich für die Menschheit zu opfern, bereit zu sein auch den letzten Tropfen Blut für seinen Nächsten zu geben, uns selbst auf dem heiligen Altar der höchsten Liebe für all unsere Mitbrüder der Welt zu opfern.

Nun, Götter und Menschen, hört mir zu: Die Sibylle und Äneas drangen durch die schreckliche Höhle in den Schoss der Erde ein.

Ich rufe als Zeugen den Genius der Erde an, um feierlich zu bestätigen, dass man den Orkus (Limbus) durchqueren muss, bevor man in den Avernus eintreten kann. Der Orkus ist ein eigener Vorraum; darin leben Krankheit, Hunger, schreckliche und grausame Berater, Armut, eitle

Ich dachte über all das nach; die Liebe des Christus ist wunderbar; diese lunare Gruppe hatte ernsthafte Absichten, diese Ärmsten haben die zweite Geburt noch nicht erreicht, aber sie verdienen, dass man ihnen hilft; der Herr behütet und pflegt sie, als ob sie zarte Blümchen im Gewächshaus wären; schließlich wird man ihnen die Möglichkeit geben, in der neunten Sphäre zu arbeiten, aber wenn sie bei dieser schwierigen Prüfung scheitern, wie unglücklich werden sie dann sein.

Der Abstieg in den Avernus, in die neunte Sphäre, war seit der Antike die größte Prüfung für die höchste Würde des Hierophanten: Buddha, Jesus, Dante, Hermes, Krishna, Quetzalcoatl, usw., mussten in die Wohnstätte des Pluto hinabsteigen.

Dort ist die Höhle, wo Zerberus heult, der Schreckerregende und mit seinem Bellen, seinen drei riesigen flachen Köpfen und seinem Hals, umringt von Schlangen, alle Verstorbenen mit Furcht erfüllt.

In diesen schmerzvollen Tiefen leben jene, die gestorben sind, getäuscht vom Gift der sexuellen Leidenschaft; Euadne, Pasiphae und Laodamia… und auch die arme Königin Dido, die einstmals der Asche des Sychaeus Treue schwor.

Hier leben viele Helden des antiken Troja, wie Glaucus, Medon, Thersilochus, Polybotes, Idäeus … so geliebt und so gefürchtet.

Hier sind die schrecklichen Schatten von Agamemnon und Ajax und vielen anderen Achäern, die gegen Troja gekämpft haben, und die in dieser Finsternis umherrennen und schreien … sie erleben ihr Leben wieder, würden sie noch kämpfen auf den Feldern, die von Sonne überflutet sind, trunken von Licht und Blut.

Hier ist die unheimliche Stadt, umgeben von einer dreifachen Mauer, von der schreckliches klagendes Heulen und Kettenrasseln zu hören sind.

Hier schlagen die drei Furien (Wunsch, Verstand und schlechter Wille) die Schuldigen mit jenen schrecklichen Peitschen, die wie Schlangenzungen zischen.

In diesen finsteren unteren Regionen leben außerdem die Titanen des antiken Atlantis, die versucht haben, den Himmel zu erklimmen und andere Welten des unendlichen Raumes zu erobern, ohne die wahre Heiligkeit erreicht zu haben.

Im Tartarus leben die Unzüchtigen, Ehebrecher, Homosexuellen, Mörder, Trinker, Geizigen, Egoisten, Diebe, Betrüger, Zornigen, Gewalttätigen, Gierigen, Neider, die Hochmütigen, Eitlen, Faulen, Gefräßigen, die Gründer negativer Doktrinen, die heuchlerischen Pharisäer, die Verräter und materialistischen Atheisten, die Feinde des Ewigen sind.

Oh Gott, die Menge der Verbrechen ist unermesslich, und *selbst wenn ich hundert Münder, tausend Zungen und eine Stimme aus Stahl hätte, könnte ich niemals alle aufzählen.*

In diese mineralischen Regionen der Erde, in diese Unterwelt hinabzusteigen ist sehr einfach, aber wieder aufzusteigen, in das Licht der Sonne zurückzukehren, ist schrecklich schwierig, fast unmöglich.

Als ich in der kausalen Welt geboren wurde, oder besser gesagt, im Paralleluniversum des bewussten Willens, strahlte auf dem Altar des Tempels das heilige Tuch der Veronika.

Es gibt viele in Stein gemeißelte, mit Dornen gekrönte Köpfe, die aus der Bronzezeit stammen. Es existierte eine Verehrung des Gottes der Dornen, die, wenn man sie genau prüft und sorgfältig untersucht, eindeutig das symbolische Zeichen der Rune Thorn darstellen.

In den heiligen Mysterien des Kultes der Dornen wurden spezielle Praktiken gelehrt, um den bewussten Willen zu entwickeln.

Thorn, Dorn bedeutet Willenskraft. Erinnert euch, gnostische Brüder, dass unser Motto Thelema ist.

Das göttliche Gesicht, gekrönt von Dornen, bedeutet Thelema, d. h., bewusster Wille.

Thorn ist auch der Phallus, das Willensprinzip der Sexualmagie (Maithuna).

Es ist notwendig, mittels des Phallus auf intelligente Weise jene Samenenergie zu sammeln, die, wenn sie zurückgehalten und umgewandelt wird, zu Thelema, Willenskraft wird.

Rüstet euch mit einem Willen aus Stahl, erinnert euch, liebe Leser, dass *ohne die Dorne, die sticht, die wehtut, kein Funke entspringt, kein Licht entsteht.*

Nur mit Thelema (Willenskraft Christi) können wir aus dem Tartarus zum Licht der Sonne zurückkehren.

Wahrlich, ich sage euch, dass die Willenskraft Christi dem Vater zu gehorchen weiß, wie im Himmel, so auf Erden.

Hütet euch vor dem schlechten Willen, er ist die Kraft Satans, das konzentrierte Verlangen.

Übung:

In militärischer Haltung stehend, mit dem Gesicht nach Osten, legen wir die rechte Hand auf die Hüfte, sodass wir diese Rune darstellen.

Singen wir nun die mantrischen Silben, Ta, Te, Ti, To, Tu, mit der Absicht, in uns die Willenskraft Christi zu entwickeln.

Diese Übung sollte jeden Tag bei Sonnenaufgang praktiziert werden.

Das Ich

Ihr, die ihr mit mystischer Geduld das Arkanum der geheimnisvollen Nacht ergründet habt, ihr, die ihr das Rätsel verstanden habt, das in jedem Herzen verborgen ist, wie der Klang eines weit entfernten Wagens, eines vagen Echos, eines leisen Geräusches, das sich in der Ferne verloren hat … hört mir zu.

In den Momenten tiefer Stille, wenn aus der Tiefe des Gedächtnisses vergessene Dinge, vergangene Zeiten, auftauchen, in der Stunde der Toten, in der Stunde der Ruhe werdet ihr dieses Kapitel des fünften Evangeliums zutiefst verstehen können, nicht nur mit dem Verstand, sondern auch mit dem Herzen.

Wie in eine Schale aus Gold schütte ich in diese Zeilen meinen Schmerz vergangener Erinnerungen und fatalen Unglücks, die traurige Wehmut meiner blumenberauschten Seele, die Trauer meines Herzen, der Feste überdrüssig.

Aber, was sage ich da! ... Seele mein! ... Klagst du etwa über die Vergangenheit mit sinnlosen Beschwerden?

Du kannst immer noch die duftende Rose und die Lilie heiraten und es gibt Myrte für deinen schmerzenden grauen Kopf.

Die Seele, übersättigt mit unnützen Erinnerungen, löscht unbahrmherzig das, was das Ego erfreut, wie das, was Nzinga, die lüsterne schwarze Königin von Angola tat.

Du hast schreckliche Orgien, törichte Freuden im weltlichen Treiben genossen und jetzt wehe dir! Du hörst die schrecklichen Verfluchungen des Kohelet.

Du Unglücklicher! … Armes Ego! Der Moment der Leidenschaft verzaubert dich; aber warte, wenn der Aschermittwoch kommt: *Memento Homo.*

Deshalb gehen die auserwählten Seelen zum Berg der Einweihung und verstehen Anakreon und Omar Chayyām.

Die Zeit nagt unbarmherzig an allem und vergeht schnell; wisset sie zu besiegen, Cydalise, Cynthia, Chloe.

In Abwesenheit des *Ichs* und jenseits der Zeit erlebte ich DAS, was REAL ist, das was radikal transformiert.

Die Realität jenseits des Verstandes zu erfahren! … auf direkte Weise das zu erleben, was nicht der Zeit angehört … das ist etwas, was nicht mit Worten zu beschreiben ist.

Und ich befand mich in diesen Zustand, der in der orientalischen Welt als Nirvikalpa Samadhi bekannt ist; als Individuum war ich jenseits jeder Individualität, für einen Moment fühlte ich, dass der Tropfen sich im Ozean ohne Ufer verlor, dem Meer des unbeschreiblichen Lichts … dem Abgrund ohne Boden … der buddhistischen Leere voller Herrlichkeit und Glück.

Wie kann man die erleuchtende Leere definieren? Wie kann man erklären, was jenseits der Zeit ist?

Das Samadhi wurde zu tief … die absolute Abwesenheit des *Ichs*. Der komplette Verlust der Individualität, die immer stärkere Entpersonalisierung, das verursachte mir Angst.

Ja, Angst …! Ich fürchtete, zu verlieren, was ich bin, meine eigene Besonderheit, meine menschlichen Gefühle … wie schrecklich ist die buddhistische Vernichtung!

Und voller Entsetzen und Angst, verlor ich die Ekstase, kam zurück in die Zeit, umhüllte mich mit dem *Ich* und fiel in den Verstand.

Wehe mir! … Wehe! Wehe! Erst da verstand ich den schlechten Witz des Egos; das Ego war es, das gelitten hatte, das um sein Leben fürchtete, flehte.

Satan, das *Ich Selbst*, mein *geliebtes Ego*, ließ mich das Samadhi verlieren. Wie schrecklich! Hätte ich das vorher gewusst …

Und die Leute, die das Ich so sehr verehren, die es als göttlich, als erhaben bezeichnen; wie sehr irren sie sich! Arme Menschheit! …

Als ich dieses mystische Erlebnis machte, war ich noch sehr jung und sie (die Nacht, das Firmament) nannte sich Urania.

Ach! Die verrückte Jugend, die mit weltlichen Dingen spielt und in jeder Frau eine griechische Nymphe sieht, auch wenn sie eine rote Kurtisane ist.

Es ist schon lange her! Trotzdem sehe ich Orangenblüten in den grünen Orangenbäumen, erfüllt von Duft oder in die alten Fregatten, die aus fernen Meeren kommen oder in der Kokospflaume oder den Mangroven; o du, geliebtes Gesicht aus jenen Zeiten, du erscheinst als erster Kummer und erste Liebe.

Und so verstand ich, dass ich das Ego auslöschen, es zu Staub reduzieren musste, um das Recht auf Ekstase zu haben.

O mein Gott! ... ich habe so viele Gestern erlebt; wahrlich, das *Ich* ist ein Buch mit vielen Bänden.

Wie schwierig war die Auslöschung des *Ichs* für mich, aber ich habe es erreicht. Auf der Flucht vor dem Bösen bin ich oft auf das Böse reingefallen und habe geweint.

Was ist der Sinn des abscheulichen Neides und der Wollust, wenn ihre bleichen Furien sich wie Reptilien krümmen?

Wozu der tödliche Hass der Undankbaren? Wozu die wütenden Gesten der Pilatusse?

In den tiefsten Tiefen der keuschesten Männer lebt der biblische Adam, berauscht von fleischlicher Begierde, die mit Freude die verbotene Frucht genießt; immer wieder erscheint die nackte Phryne in den Werken Phidias.

Und ich flehte zum Himmel: „*Gibt dem Faun in mir Wissenschaft, diese Weisheit, die dem Engel die Flügel erzittern lässt; durch Gebet und Buße erlaube mir, die bösen Teufelinnen in die Flucht zu schlagen; Herr, gib mir andere Augen, nicht diese, die es genießen, weiße Rundungen und rote Lippen zu betrachten; gib mir einen anderen Mund, in dem die feurige Glut des Asketen für immer eingeprägt ist, und nicht diesen Mund des Adam, in dem Wein und wilde Küsse die unendliche Gier der Bestie multiplizieren und vermehren; gib mir die Hände eines Disziplinierten und Büßers, die meinen Rücken blutig werden lassen und nicht diese schmierigen Hände eines Liebhabers die die Früchte der Sünde liebkosen; gib mir unschuldiges christisches Blut und nicht dieses, das die Venen brennen lässt, die Nerven vibrieren und die Knochen knirschen lässt, ich will frei sein von Bosheit und Täuschung, in mir selbst sterben und eine liebevolle Hand fühlen, die mich in die Höhle führt, die den Einsiedler immer willkommen heißt.“*

Und so meine Brüder erreichte ich durch intensive Arbeit das Königreich des Todes durch den Pfad der Liebe.

Ach! … wenn jene, die die Erleuchtung suchen, wirklich verstehen würden, dass die Seele im *Ich* eingekapselt ist …

Ach! … wenn sie das *Ich* auslöschen würden, wenn sie das geliebte Ego zu Staub reduzieren würden, dann wäre die Seele wirklich frei … in Ekstase … im immerwährenden Samadhi; so würden sie das, was die Wahrheit ist, direkt erfahren.

Wer die Wirklichkeit erfahren will, muss die subjektiven Elemente der Wahrnehmung auslöschen.

Es ist dringend notwendig zu wissen, das diese Elemente die verschiedenen Einheiten bilden, aus denen das *Ich* sich zusammensetzt. In jedem dieser Elemente schläft die Seele tief. Welch ein Schmerz …!

Die grausame Zauberin Kirke

Antike Überlieferungen aus Latium erzählen:

„Auch du hast durch den Tod, Aineias' Amme, Caieta,
Ewiglich dauernden Ruf um unsre Gestade verbreitet.
Ehrfurcht schützt noch heute die Gruft, und der Name bezeichnet
(Ist das ein Ruhm) dein Gebein im großen hesperischen Lande.

Als nach dem Brauch die Bestattung vollbracht durch den frommen Aineias,
Als er den Hügel gehäuft auf der Gruft, als ruhig das tiefe
Meer lag, zog er des Wegs mit den Segeln dahin aus dem Hafen.
Günstiger Wind weht frisch in die Nacht, und der glänzende Mondschein
Fördert den Lauf, hell funkelt die Flut von zitterndem Lichte.

Scharf hin streifen am Saum der Kirkeischen Küste die Schiffe,
Wo mit stetem Gesang Hyperions Tochter, die reiche,
Unzugängliche Haine durchtönt, in stolzen Gemächern
Duftige Zedern verbrennt zur Erleuchtung der Nacht und am Webstuhl
Hurtig die zierlichen Fäden durchfährt mit klingender Lade.

Stöhnen vernimmt man hier und wütende Stimmen von Löwen,
Die mit Gebrüll durch die Nacht sich gegen die Fesseln empören.
Borstiges Schwarzwild tobt mit Bären gesellt an den Krippen;
Wehegeheul schallt laut von großen gespenstischen Wölfen,
Denen den menschlichen Leib durch kräftige Kräuter die grimme

Göttin Kirke vertauscht mit tierischem Körper und Antlitz.
Dass solch Zaubergeschick nicht die frommen Troianer beträfe -
Liefen sie ein in den Port -, dass sie mieden das Schreckensgestade,
Füllte mit günstigem Wind Neptunus ihnen die Segel
Und ließ schleunig vorbei an der brandenden Furt sie entfliehen."
(Aeneis 7. Buch)

Jahrhunderte alte Legenden erzählen, dass Neptun, der Herr der Meere, ein mächtiger Gott und Beschützer der Trojaner, diese fernhielt von dem finsteren Ort, an dem die schreckliche Zauberin lebte, indem er günstige Winde schickte.

Erinnern wir uns an den Fall von Odysseus, dem schlauen Krieger, der die Zitadellen zerstörte und in die Wohnstätte von Kirke eindrang.

Die alten Schriften sagen, dass der Krieger vor der mysteriösen Tür der Göttin mit den wunderschönen Haaren anhielt, laut rief, und sie ihn einlud, einzutreten.

Odysseus erzählt in der Odyssee sein Abenteuer:

„Ich folgte ihr mit traurigen Herzen und sie lud mich ein, mich in einen Sessel zu setzen, der wunderbar verziert war mit silbernen Nägeln. Zu meinen Füßen war ein Hocker. Dann bereitete sie in einem goldenen Becher einen Trank, in den sie einen Zauber gab, und bot ihn mir an.

Sie gab ihn mir, und während ich trank, berührte sie mich mit ihrem Zauberstab und sagte: „Gehe jetzt in den Schweinestall und lege dich auf den Boden zu deinen Gefährten.

So sprach sie, aber ich zog mein scharfes Schwert aus der Scheide und stürzte mich auf sie, als ob ich sie töten wollte. Aber sie stieß einen lauten Schrei aus, warf sich nieder, umklammerte meine Knie und sprach folgende Worte:

Was bist du für ein Mensch? Woher kommst du? Wo sind deine Eltern? Ich wundere mich sehr, dass du den Zaubertrank getrunken hast und dich nicht verwandelt hast." usw., usw., usw.

Kirke verwandelte Menschen in Schweine; aber ist das wirklich möglich? Was sagt die Lykanthropie dazu? Was sagen die heiligen Götter?

Wir haben schon viel über die drei Aspekte der ewigen kosmischen Mutter gesprochen. Existieren gegensätzliche Aspekte der Devamatri? Was sagt die okkulte Wissenschaft darüber?

Jeder Körper, der in die vierte Dimension eintritt, kann seine Form verändern, aber es ist noch etwas anderes nötig. Was könnte das sein?

Gehen wir den Dingen auf den Grund. Es ist dringend notwendig, zutiefst zu verstehen, dass der dritte Aspekt der kosmischen Mutter, genannt Hekate oder Proserpina, immer die Möglichkeit besitzt, sich in zwei weitere Aspekte eines gegensätzlichen und verhängnisvollen Typs zu entfalten.

Stellen wir es klar. Diese zwei negativen Aspekte der Prakriti sind das, was man Kali oder Santa Maria nennt.

Das Arkanum VI des Tarot stellt die zwei Polaritäten der großen kosmischen Mutter dar. Denken wir an die Tugend und das Laster; an die Jungfrau und die Hure; an Heva, den weißen Mond und Lilith, den schwarzen Mond.

Denken wir an die anmutigen Ehefrauen von Shiva (dem dritten Logos), Parvati und Uma. Ihre Antithesen sind die blutrünstigen und wilden Frauen Durga und Kali, wobei letztere die fürchterliche Herrscherin dieses schrecklichen Zeitalters des Kali Yuga ist.

Kali als versuchende Schlange von Eden ist das abscheuliche Organ Kundartiguador, von dem wir ausführlich in unserer vergangenen *Weihnachtsbotschaft* gesprochen haben; durch die finstere Macht dieses unheilvollen Organs verwandeln sich die Menschen in Schweine.

Dass die abscheulichen Harpyien sich in entsetzliche und furchtbare Vögel verwandeln, dass Apuleios sich in einen Esel verwandelt oder die Gefährten von Odysseus in Schweine, ist nichts Unmögliches, dies sind ganz natürliche Phänomene der vierten Dimension, der vierten Vertikalen oder der vierten Koordinate und dies geschieht immer mit der finsteren Macht von Kali oder Kirke.

Den Lesern, die unsere vergangenen *Weihnachtsbotschaften* noch nie studiert haben, könnten unsere Behauptungen sehr seltsam erscheinen, aber kurz gefasst sagen wir, dass diese Kirke oder Kali in Wirklichkeit die blinde feurige Kraft ist, die transzendentale sexuelle Elektrizität, die auf bösartige Weise benutzt wird.

Wenn sich eine Harpyie mit ihrem physischen Organismus in die vierte Dimension begibt, und wenn sie sich dann in einen Vogel des bösen Omens verwandelt, oder in irgendeine Bestie, könnt ihr euch sicher sein, dass ihr gesamtes Werk auf den unheilvollen Kräften des Organs Kundartiguador basiert.

Habt ihr jemals vom Schwanz des Satans gehört? Das ist das sexuelle Feuer, das vom Steißbein abwärts projiziert wird, in Richtung der atomaren Höllen des menschlichen Wesens.

Dieser luziferische Schwanz wird von einem bösartigen Atom des geheimen Feindes kontrolliert.

Die okkulte Anatomie lehrt, dass sich ein solcher atomarer Dämon im magnetischen Zentrum des Steißbeins befindet.

In diesem abscheulichen Organ Kundartiguador (dem Schwanz Satans) befindet sich die gesamte finstere Macht von Kali, Kirke oder Santa Maria.

Die Adepten des schwarzen Tantrismus, wie die Bons und Dugpas der Rotmützen, entwickeln in sich diese blinde fohatische Kraft dieses genannten fatalen Organs.

Die Lykanthropie, die von Ovid erwähnte Wissenschaft der Metamorphose, hat immer existiert und so unglaublich es auch scheint, sogar heute mitten im 20. Jahrhundert gibt es in einigen Orten der Welt moderne Kirken.

Lasst sie lachen, die Schurken, die Pseudogelehrten, die Tugendlosen. Was kümmert es die Wissenschaft und was kümmert es uns?

Auf dem Isthmus von Tehuantepec, Mexiko, existieren Lykanthropie und moderne Kirken im Überfluss.

Wir kennen den konkreten Fall eines Exemplars; diese besagte Person war eine Art Don Juan und Trunkenbold und war so geschmacklos, eine sexuelle Beziehung mit einer Kirke der Neuzeit einzugehen.

Es ist klar, dass jener Frauenheld der Harpyie die Welt zu Füßen legte und ihr das Blaue vom Himmel versprach.

„Wenn du dein versprochenes Wort nicht hältst, verwandle ich dich in einen Esel“, war der sarkastische Kommentar der schönen Teufelin. Der Liebhaber lachte darüber, als ob es ein Witz wäre.

Die Tage und Wochen vergingen und der Frauenheld dachte nicht im Geringsten daran, die romantischen Versprechungen zu erfüllen. Da geschah etwas Ungewöhnliches; eines Nachts kehrte der Don Juan nicht in seine Wohnung zurück und sein Mitbewohner dachte, er hätte ein neues Abenteuer gefunden.

Aber er blieb sehr lange abwesend, … viele Nächte vergingen und der Mitbewohner war besorgt; schließlich sah er, dass anstatt des Don Juan ein Esel versuchte, die Wohnung zu betreten. Der gute Freund des Don Juan ging durch die Straßen auf der Suche nach ihm, er befragte die schöne Kirke und sie antwortete: „*Dein Freund läuft hier herum, schau*", und zeigte auf den Esel.

Das Gelächter, der boshafte Sarkasmus … das laute Lachen ihrer Freundin (auch eine schöne Teufelin) war eindeutig. Der Freund verstand alles. Später rieten ihm gute Bekannte, den Ort zu verlassen, bevor es zu spät wäre.

Darauf hin kehrte der arme Mann in die Hauptstadt von Mexiko zurück.

Die Rune Os

Es ist dringend notwendig, unerlässlich und unaufschiebbar, dass wir in dieser Weihnachtsbotschaft 1968-1969 das Problem der sexuellen Umwandlung für Ledige eingehend studieren. Unzählige Briefe von vielen Studenten, die über nächtliche Samenergüsse klagen, erreichen ständig das patriarchalische Hauptquartier der gnostischen Bewegung.

Mit Sicherheit sind diese nächtlichen Samenergüsse ekelhaft, schmutzig, abscheulich; wir antworten immer, dass wir die Sexualmagie, das Maithuna gegen diese subjektiven Zustände verordnen.

Aber wir müssen die Sache klarstellen. Es ist offensichtlich, dass solange wir sehr lebendig sind, d. h., solange in uns das Ego in den 49 Regionen des Unterbewusstseins existiert, die erotischen Träume unvermeidlich fortbestehen. Jedoch, um Licht ins Dunkel zu bringen, müssen wir nachdrücklich bekräftigen, dass Maithuna eine geeignete Grundlage bietet, um die nächtlichen Pollutionen zu vermeiden, auch wenn die pornografischen Träume fortbestehen.

Was geschieht, ist, dass mit dem Sahaja Maithuna (Sexualmagie) der Chela (Schüler) sich so daran gewöhnt, den sexuellen Impuls zurückzuhalten, dass der Verstand bei einem erotischen Traum instinktiv zügelt und so den Samenerguss verhindert, den beklagenswerten Verlust des Lebenssaftes.

Es ist klar, gewiss und offensichtlich, dass dieses Rezept hilft, wenn jemand beharrlich ist; man braucht Ausdauer und tägliche Übung, intensiv, Jahr für Jahr. Unglücklicherweise funktioniert dieses Rezept nur für diejenigen, die eine Ehefrau haben; aber was ist mit den Alleinstehenden, die keine Ehefrau haben? Was ist mit denen?

Hier liegt das Problem und es ist sehr gravierend; wenn man dieses Rezept nutzen will, braucht man dafür eine Ehefrau.

Wenden wir uns nun etwas ganz Ähnlichem zu; ich beziehe mich auf die sexuelle Umwandlung für Ledige. Es wäre beklagenswert, wenn ledige Männer und Frauen die sexuelle Energie nicht auf irgendeine Weise nützen könnten.

Sie müssen sich auch entwickeln. Aber wie? Gehen wir der Sache auf den Grund. Ich sage nicht, dass die Ledigen sich vollkommen selbstverwirklichen können, es ist selbstverständlich, dass es ohne Maithuna mehr als unmöglich ist, die ersehnte Adeptschaft zu erreichen, aber man kann und muss die schöpferische Energie nutzen, um das Bewusstsein zu erwecken.

Es ist nötig, die Technik zu kennen, und genau darum geht es in diesem Kapitel. Lasst uns nun eintauchen in das Gebiet der Rune Os.

Man hat uns gesagt, dass diese Rune intensiv mit der Konstellation des Skorpion vibriert und das ist sehr wichtig, denn dieses Sternbild ist eng verbunden mit den Sexualorganen. Es ist dieselbe Rune, wie die Rune Olin des aztekischen Mexiko und sie ist esoterisch verbunden mit der berühmten Rune Thorn.

Bei den Azteken ist Olin das mystische Symbol des Windgottes, des Herrn der Bewegung, Ehecatl, jenes Engels, der bei der Auferstehung Jesu intervenierte und dem Körper des großen Kabirs Prana, Leben zuführte und sagte: *„Jesus, erhebe dich mit deinem Körper aus dem Grab."*

Ich kenne Ehecatl, den Gott des Windes persönlich; er ist ein außergewöhnlicher Deva und lebt in der Welt des bewussten Willens; so erkennen wir die enge esoterische Verbindung, die zwischen den Runen Os und Thorn (Bewegung und Wille) existiert.

Obgleich viele „super-transzendierte" Narren des Pseudo-Esoterismus und des wertlosen Pseudo-Okkultismus über die Idee der Elementarwesen der Natur lachen, sie als Fantasie betrachten, auch wenn sie spotten und Witze machen über Paracelsus und seine Elementarwesen - diese Gnome, Pigmäen, Sylphen und Salamander, usw., haben existiert, existieren und werden ewig weiter existieren.

Ehecatl ist wahrhaftig ein Guru-Deva, er hat Macht über die Sylphen der Luft. Das gefällt den Narren, den Schwachköpfen, Ignoranten und Dummköpfen nicht? Sie lachen über die Elementarwesen? Sie machen sich über uns lustig? Ehrlich gesagt, das kümmert uns nicht; *wer über das lacht, was er nicht kennt, ist auf dem Weg, ein Idiot zu werden.*

Die tausendjährige Sphinx im heiligen Land der Pharaonen entspricht der Sphinx der Elementale der Natur, jenem mysteriösen Lehrer des Heiligen Devischen Kollegiums.

Diese Elemental-Sphinx des antiken Ägyptens, die so eng verbunden ist mit der mysteriösen Sphinx aus Stein, kam zu mir, als ich in der Welt des bewussten Willens geboren wurde.

Ihre Füße waren bedeckt mit Schlamm ... da rief ich aus:

„Deine Füße sind voller Lehm!“

Natürlich ... ich verstand alles ... in diesem finsteren Zeitalter, das von der Göttin Kali regiert wird, wurde alles entweiht und niemand will etwas mit dem Heiligen Kollegium der Sphinx zu tun haben.

Als ich sie, erfüllt von Liebe, küssen wollte, sagte sie zu mir:

„Küsse mich auf unschuldige Weise.“

Das tat ich und küsste sie auf die Wange. Danach kehrte sie dorthin zurück, woher sie gekommen war, dem heiligen Land der Pharaonen.

Alle gnostischen Brüder würden gern dasselbe tun, von Angesicht zu Angesicht mit der Sphinx der Elementale der Natur sprechen, mit den Devas reden, sich mit Ehecatl treffen; aber es ist notwendig, zuerst das Bewusstsein zu erwecken, die Tür zu öffnen, beharrlich zu bitten, die Willenskraft zu benutzen.

Übung:

Betrachtet aufmerksam die zwei grafischen Zeichen der Rune Os; so wie die Arme der Runa Fa nach oben gerichtet sind, sind die der Rune Olin nach unten gerichtet und das ist sehr bedeutsam.

Während der esoterischen Übungen muss man die Position der Arme abwechseln, von der ersten Stellung mit den Armen nach unten in die zweite Stellung mit den Armen über dem Kopf. (Ich wiederhole: studiert sorgfältig die zwei grafischen Zeichen der Rune Os).

Während dieser Runen-Übung müsst ihr die Bewegungen und die Atmung auf harmonische und rhythmische Weise kombinieren. Atmet das Prana durch die Nase ein und durch den Mund mit dem mystischen Ton Torn aus, indem ihr den Klang jedes Buchstabens verlängert (Toooooorrrrrrnnnnnn).

Beim Einatmen stellt euch vor, wie die sexuellen Kräfte aufsteigen, von den sexuellen Drüsen durch die beiden sympathischen Nervenstränge, die in Indien unter den Namen Ida und Pingala bekannt sind. Diese Nerven oder Kanäle führen bis zum Gehirn und durch andere Kanäle, darunter auch Amrita Nadi, weiter bis zum Herzen.

Beim Ausatmen stellt euch vor, wie die sexuelle Energie in das Herz fließt und noch tiefer, bis es ins Bewusstsein gelangt, um es zu erwecken. Schlagt mit Kraft auf das Bewusstsein, mit Thelema (Willenskraft) und kombiniert dabei die Rune Thorn und die Bewegung.

Danach solltet ihr beten und meditieren. Fleht zum Vater, der im Geheimen ist, bittet ihn, dass er euer Bewusstsein erweckt.

Fleht zur eurer göttlichen Mutter Kundalini, bittet sie mit unendlicher Liebe, eure sexuellen Energien bis zum Herzen zu erheben, und weiter bis zum tiefsten Inneren eures Bewusstseins.

Liebet und betet; meditiert und fleht. Habt Glauben, so stark wie ein Senfkorn und ihr werdet Berge versetzen. Denkt daran, dass Zweifel der Anfang der Unwissenheit ist.

„Bittet und es wird euch gegeben, klopfet an und es wird euch geöffnet."

Der Ursprung des vielfältigen Ichs

Meine Lehre ist nicht mein, sondern des, der mich gesandt hat. Hört mich an: studiert sorgfältig mit eurem Verstand und eurem Herzen dieses revolutionäre Kapitel der Weihnachtsbotschaft 1968 – 1969.

Die Elohim (Heilige Götter) erschufen den Menschen aus sich selbst (durch Modifizierung), nach ihrem Abbild; *sie* erschufen sie (die gesamte Menschheit oder Adam) als Mann und Frau; *er* (die kollektive Gottheit) erschuf sie.

Die protoplasmatische Rasse der heiligen Insel im Norden war ihre erste Kreation. Es war eine gewaltige Modifikation ihrer selbst und durch sie, reine spirituelle Existenzen; seht hier den Adam Solus.

Von dieser urzeitlichen polaren Rasse stammt die zweite Rasse: Adam-Eva oder Jod-Heva, die hyperboreischen Menschen, die inaktiven Androgynen.

Aus den Hyperboräern entstand durch Modifikation die dritte Rasse, die lemurischen Menschen, der trennende Hermaphrodit Kain und Abel, der auf dem riesigen Kontinent Mu lebte oder Lemuria, wie er später genannt wurde und der sich im Pazifischen Ozean befand.

Diese dritte Rasse war die letzte halb-spirituelle. Sie war auch das letzte Vehikel des reinen, jungfräulichen, instinktiven und angeborenen Esoterismus der Enoch oder Erleuchteten jener Menschheit.

Der trennende Hermaphrodit Kain und Abel erschuf die vierte Rasse, Seth-Enos, die auf dem Kontinent Atlantis lebte, der sich im Atlantischen Ozean befand.

Aus den atlantischen Menschen entstand unsere heutige fünfte arische Rasse, diese bösartige Rasse, die auf den fünf Kontinenten der Erde lebt.

Jede einzelne der vier vorangegangenen Rassen verschwand durch gigantische Kataklysmen und unsere fünfte Rasse wird keine Ausnahme sein.

Es wurde uns gesagt, dass in ferner Zukunft zwei weitere Rassen auf dem Angesicht der Erde existieren werden und es ist offensichtlich, dass jede von ihnen ihr eigenes Szenario haben wird.

Die ursprüngliche zweigeschlechtliche Einheit der dritten menschlichen Wurzelrasse ist ein Axiom der antiken Weisheit. Diese jungfräulichen Individuen stiegen in den Rang von Göttern auf, weil sie tatsächlich ihre göttliche Herkunft verkörperten.

Die Trennung in zwei gegensätzliche Geschlechter erfolgte über mehrere tausend Jahre und war am Ende der lemurischen Rasse vollendet.

Sprechen wir nun über Eden, von jenen paradiesischen Jinas-Ebenen, zu denen die heiligen Individuen von Lemurien ständigen Zugang hatten, in jenen Zeiten, in denen die Flüsse des reinen Wassers des Lebens Milch und Honig führten.

Das war die Epoche der Titanen, in der es weder mein noch dein gab und jeder ohne Angst vom Baum des Nachbarn nehmen durfte.

Das war die Epoche von Arkadien, in der man die Götter des Feuers, der Luft, des Wassers und der Erde verehrte.

Das war das goldene Zeitalter, als die Leier noch nicht zerschmettert worden war, als sie auf den Boden des Tempels fiel.

Damals sprach man nur in der reinen göttlichen kosmischen Sprache, die wie ein Fluss aus Gold unter dem dichten Dschungel der Sonne fließt.

In jenem Zeitalter waren die Menschen sehr einfach und natürlich, und da das vielfältige Ich noch nicht geboren war, verehrte man die Götter des zarten Maises und die unbeschreiblichen Wesen der Flüsse und der Wälder.

Ich kannte die hermaphroditische lemurische Rasse. Ich erinnere mich an jene schrecklichen Vulkane, die ständig ausbrachen. Was für eine Zeit! Wir alle, die Eingeweihten, trugen normalerweise sehr einfache Priestergewänder; diese heiligen verehrten Gewänder zeichneten sich durch die schwarzen und weißen Farben aus, die den schrecklichen Kampf zwischen Geist und Materie symbolisierten.

Es war erhebend, diese lemurischen Riesen mit ihren edlen Priestergewändern und den Sandalen mit den großen Quasten zu sehen und zu bewundern. Zwischen den Augenbrauen dieser Riesen war deutlich die Hirnanhangsdrüse, der sechste Sinn, Lichtträger und Page der Zirbeldrüse, zu sehen.

Damals betrug das Leben eines Individuums im Durchschnitt zwölf bis fünfzehn Jahrhunderte. Und gigantische Städte wurden gebaut, die von riesigen Steinen aus der Lava der Vulkane beschützt wurden.

Ich kannte auch die letzte Zeit der dritten Rasse und ich lebte in jener Epoche, die in der Genesis erwähnt wird, jenem Zeitalter, in dem Adam und Eva aus Eden vertrieben wurden.

Zu diesem Zeitpunkt hatte sich die Menschheit bereits in zwei gegensätzliche Geschlechter geteilt; der sexuelle Akt war damals ein Sakrament, das nur innerhalb der Tempel vollzogen werden durfte.

In bestimmten Mondphasen unternahmen die lemurischen Stämme lange Reisen, sie pilgerten zu den heiligen Orten, mit der Absicht die Spezies zu vermehren (erinnern wir uns an die Hochzeitsreise*)).

Wir Lemurer waren alle Kinder des Willens und des Yoga; für den Beischlaf benutzten wir die Methode des Maithuna, niemand beging den Fehler, die Wesenheit des Samens zu ejakulieren.

Der Samen gelangt immer in die Gebärmutter, ohne die Notwendigkeit, Samen zu verschütten; die vielfältigen Kombinationen der unendlichen Substanz sind wunderbar.

Die Monarchen, der König und die Königin, vereinigten sich sexuell vor dem Altar des Tempels, die Massen vollzogen den Beischlaf innerhalb des heiligen Bereichs und in den gepflasterten Höfen, die voller mysteriöser Hieroglyphen waren.

Die heiligen Götter leiteten weise jene mystischen Zeremonien, die für die Fortpflanzung der menschlichen Spezies unerlässlich waren und niemand dachte an etwas Schmutziges, weil das vielfältige *Ich* noch nicht geboren war.

\) Auf Spanisch heißt Hochzeitsreise „Luna de Miel" und bedeutet wörtlich übersetzt „Honigmond". Anm. des Übers.

Ich lebte mit meinem Stamm auf dem Land, weit weg von den ummauerten zyklopischen Städten; wir wohnten in einer großen Hütte oder Behausung. Ich erinnere mich ganz deutlich, dass sich in der Nähe unseres runden palmengedeckten Hauses eine Kaserne befand, in der sich die Krieger des Stammes versammelten.

In einer bestimmten Nacht geschah es, dass wir alle, fasziniert von einer seltsamen luziferischen Macht, eines Nachts beschlossen, den Sexualakt außerhalb des Tempels zu vollziehen; jedes Paar gab sich der Lüsternheit hin.

Als wir früh am Morgen die Dreistigkeit, die Unverschämtheit, die Unverfrorenheit, die Frechheit hatten, wie immer im Tempel aufzutauchen, geschah etwas Unerwartetes, etwas Schreckliches.

Wir alle sahen einen Gott der Gerechtigkeit, einen großen Meister, bekleidet mit weißen und makellosen Priestergewändern, der uns mit einem flammenden Schwert drohte, das in alle Richtungen wirbelte und der zu uns sagte: *„Hinaus Unwürdige"*, und es ist klar, dass wir entsetzt flohen.

Offensichtlich wiederholte sich dieses Ereignis in allen Ecken des riesigen Kontinents Mu; auf diese Weise wurde die Menschheit, Adam und Eva, aus dem Garten Eden geworfen.

Nach diesem Ereignis oder Vorkommnis, der in der Genesis aller Religionen beschrieben wird, ereignete sich ein entsetzliches, fürchterliches Nachspiel; Millionen menschlicher Kreaturen entwickelten durch die Verbindung von Magie und Unzucht das abscheuliche Organ Kundartiguador.

Es ist angebracht, hier Kalayoni, den König der Schlangen, den schwarzen Magier, den Wächter des Tempels der Kali, die fatale Antithese der ewigen kosmischen Mutter zu erwähnen.

Krishna sah, wie bei der magischen Anrufung von Kalayoni ein langes blau-grünes Reptil erschien. Die tödliche Schlange richtete langsam ihren Körper auf, sträubte ihre rötliche Mähne und ihre durchdringenden Augen funkelten schrecklich in ihrem monströsen Kopf aus leuchtenden Muscheln.

„Entweder du betest sie an oder du wirst sterben", sagte der schwarze Magier … die Schlange starb durch die Hand Krishnas.

Als Krishna die große Schlange, Wächterin des Tempels der Kali, Göttin der Begierde, Mutter des Cupido, heldenhaft getötet hatte, machte er einen Monat lange Waschungen und betete am Ufer des Ganges.

Diese Viper der Kali ist die versuchende Schlange von Eden, die schreckliche Schlange Python, die sich im Schlamm der Erde windet und die Apollo wütend mit seinen Pfeilen erschoß.

Es ist notwendig zu wissen, es ist unerlässlich zu verstehen, dass diese finstere Schlange zweifellos der Schwanz des Satans ist, das abscheuliche Organ Kundartiguador.

Als die Götter einschritten und jenes verhängnisvolle Organ aus der menschlichen Spezies entfernten, blieben die negativen Konsequenzen des Schwanzes von Satan in den fünf Zylindern der menschlichen Maschine (Intellekt, Emotion, Bewegung, Instinkt und Sexualität).

Es ist offensichtlich, dass diese negativen Konsequenzen des abscheulichen Organes Kundartiguador das erzeugen, was man *Ego* nennt, das vielfältige *Ich*, das *Mich Selbst*; eine finstere Sammlung von widernatürlichen Wesenheiten, die unsere psychologischen Defekte personifizieren.

Deswegen ist das vielfältige *Ich* das granulare negative lunare luziferische Fohat. Diese fohatische satanische Kristallisation stellt das dar, was *Ego* genannt wird.

Die drei Furien

Lasst uns nun über die drei Furien sprechen, mit all ihren gorgonischen Giften; sie sind immer von grünen Hydras umgeben und haben Haare, die aus kleinen Schlangen und Vipern bestehen und ihre schrecklichen Schläfen schmücken.

Hört mir zu M. M. (Meister der Freimaurer), ihr sollt ein für allemal wissen, dass dies die drei Verräter des Hiram Abif sind.

Auf der linken Seite ist Megaira, immer schrecklich und furchterregend; rechts davon weint Alekto, in deren Herz sich die Zwietracht und die Betrügereien, die Unordnung hervorrufen, verbergen und die Bosheit, die den Frieden zerstört; auf der rechten Seite ist Tisiphone.

Die Furien zerreißen sich die Brust mit ihren abscheulichen machiavellistischen Nägeln; sie schlagen sich mit den Händen und rufen laut aus: *„Komm, Medusa, und wir werden dich in Stein verwandeln; wir haben falsch gehandelt, als wir das wagemutige Eindringen von Theseus nicht gerächt haben."*

Gnostische Brüder, erinnert euch an Mara, den Herrn der fünf Begierden, Verursacher des Todes und Feind der Wahrheit. Wer begleitet ihn immer? Sind es nicht seine drei Töchter, die schrecklichen Furien? Jene Versucherrinnen? Mit all ihren finsteren Legionen, die Buddha angegriffen haben?

Könnten Judas, Kaiphas und Pilatus etwa im kosmischen Drama fehlen? Dante traf Judas, Brutus und Cassius im neunten Kreis der Unterwelt.

Judas Kopf steckte im Mund des Luzifer und seine Beine zuckten außerhalb.

Derjenige, der mit dem Kopf nach unten aus dem zweiten Mund des Luzifer hing, war Brutus, der sich wild krümmte, ohne ein Wort zu sagen.

Der dritte Verräter ist Cassius, der sehr mutig erscheint, aber in Wirklichkeit sehr schwach ist.

Die drei Aspekte des Judas, die drei Furien, sind der Dämon der Begierde, der Dämon des Verstandes und der Dämon des schlechten Willens. Sie sind die drei Upadhis, Grundlagen oder lunaren Fundamente, die sich in jedem menschlichen Wesen befinden.

Denken wir an die drei Erscheinungsformen des Hüters der Schwelle, die in jeder Person existieren.

Die Offenbarung sagt:

„Und ich sah aus dem Munde des Drachen und aus dem Munde des Tiers und aus dem Munde des falschen Propheten drei unreine Geister gehen, gleich den Fröschen.

Denn es sind Geister der Teufel, die tun Zeichen und gehen aus zu den Königen auf dem ganzen Kreis der Welt, sie zu versammeln in den Streit auf jenen Tag Gottes, des Allmächtigen."

Aber wer ist dieser Drache? Diese Bestie? Dieser falsche Prophet? Sagt mir Götter, wo ist er?

Wenn wir verstehen, dass er Mara, Luzifer, die blinde fohatische Kraft des abscheulichen Organs Kundartiguador ist, das negative sexuelle Feuer, der Vater der drei Furien, dann liegen wir nicht falsch.

Dieser niederträchtige Wurm, der das Herz der Welt durchbohrt, ist die Wurzel des vielfältigen *Ichs*, die Grundlage der drei Furien.

Luzifer-Mara, der Versucher, mit seiner gesamten Legion der Teufel-Ichs, die jeder Sterbliche in sich hat, ist der Ursprung der drei Leiden: Alter, Krankheit und Tod.

Ach …! Wenn der negative Aspekt der Göttin Juno in Latium nicht eingegriffen und Allekto, die abscheulichste unter den Furien, angerufen hätte, dann wäre der Hochzeit von Äneas, dem berühmten trojanischen Helden mit der Tochter des guten Königs von Latium, kein schrecklicher Krieg vorausgegangen.

„Bitte, jungfräuliche Tochter der Nacht, – sagte Juno – *erweise mir einen Liebesdienst und erlaube nicht, dass meine Ehre dem Willen eines Sterblichen unterworfen wird. Latinus will seine Tochter dem Trojaner geben. Du, die du Brüder gegen Brüder aufbringen kannst, den Sohn gegen den Vater, die du den Zorn befreien kannst, und die tödlichen*

Fackeln entzünden kannst, erscheine aus dem Abgrund! Beuge dich meinem Willen! Entflamme die Jugend von Latium, damit sie nach Waffen ruft und sich in den Tod stürzt!“

Oh mein Gott! … Was für ein Schmerz! … Und die schreckliche Furie des Verstandes erscheint in den Räumen der Königin Amata und weckt in ihr Gedanken von Protest und Rebellion gegen den Willen des Königs Latinus.

Unter dem perfiden Einfluss von Allekto verlässt die verzweifelte Königin den Palast, rast durch die italischen Berge, tanzt und springt wie eine Bacchantin; sie ähnelt einer wütenden Mänade, bewegt sich wie eine Wahnsinnige, angestachelt vom Trieb des Bacchus.

Sie, die Herrscherin, die Matrone, protestiert wütend, empört, vor dem Monarchen, sie will sich nicht dem Willen des Herrn beugen, verteidigt Turnus, den jungen griechischen Freier, Sohn jenes Volkes, das einst die unbesiegbaren Mauern von Troja stürmte.

Die Königin befürchtet, dass Äneas mit ihrer Tochter aus Latium fliehen wird, sie fühlt den Schmerz, sie zu verlieren, sie weint …

Doch die Arbeit von Allekto endet hier nicht; sie begibt sich nun zum Wohnsitz des tapferen Turnus, nimmt die Gestalt einer alten lästernden Frau an, sie spricht, erzählt alles, was im Palast des Königs geschieht und durch Andeutungen und Boshaftigkeit weckt sie die Eifersucht des jungen Mannes.

Dann kommt der Krieg und der junge Prinz kämpft für seine Dame, die schöne Lavinia, die edle Tochter des guten Königs Latinus.

Der gute Monarch wollte keinen Krieg und er war es auch nicht, der die Türen des Tempels des Janus (*auf Spanisch Jano*) (I. A. O.), des zweigesichtigen Gottes, öffnete; sein wütendes Volk war es.

In diesem Tempel des Janus wurde die Lehre des Saturn, die ursprüngliche Offenbarung der Jinas, geheim aufbewahrt und nur in Kriegszeiten geöffnet.

So wurde der Krieg gegen die Rutuler entfacht; als die widerwärtige Furie Allekto ihre Arbeit beendet hatte, kehrte sie zurück in das Innere der schrecklichen Unterwelt durch den Schlund eines erloschenen Vulkans, der von Zeit zu Zeit den übel riechenden Gestank des Todes ausstieß und in kurzer Zeit erreicht sie das finstere Ufer des Flusses Kokytus.

Der Rest der Geschichte ist bekannt, man kennt sie aus uralten Legenden; Turnus, der neue Achilles starb durch die Hand Äneas und dieser heiratete Lavinia, die Tochter des Königs von Latium.

Aber, oh Gott! Allekto entfachte wie immer überall das Feuer der Zwietracht und Millionen menschlicher Wesen zogen in den Krieg.

Ach … wenn die Leute nur verstehen würden, dass jeder eine Allekto in sich trägt … Unglücklicherweise schlafen die menschlichen Wesen tief, sie verstehen nichts. Oh weh!

Die Rune Rita

Gerade kommen mir Szenen einer meiner vergangenen Reinkarnationen im Mittelalter in den Sinn. Ich lebte in Österreich nach den damaligen Bräuchen; ich war Mitglied einer berühmten aristokratischen Familie. In jener Zeit war meine Familie, meine Sippe, sehr stolz auf ihr blaues Blut, ihre strengen Vorfahren und ihre bemerkenswerte Abstammung. Es schmerzt mich, es zu gestehen, aber, und das ist sehr schwerwiegend, auch ich war gefangen in diesem Gefängnis der sozialen Vorurteile; typisch für diese Zeit!

Eines Tages verliebte sich eine meiner Schwestern in einen sehr armen Mann, und das war natürlich der Skandal des Jahrhunderts; die adeligen Damen und ihre törichten Möchtegernritter, Gecken, Stutzer und Lackaffen zogen ihren Mitmenschen bei lebendigem Leib die Haut ab, sie verspotteten die Unglückliche. Sie sagten, sie hätte Schande über die Familie gebracht, sie hätte sich besser verheiraten sollen, usw. Es dauerte nicht lange und die Arme wurde Witwe und das Ergebnis ihrer Liebe war ein Sohn.

Was, wenn sie in den Schoß der Familie hätte zurückkehren wollen? Das war nicht möglich. Sie kannte die bösen Zungen der eleganten Damen sehr gut, ihre nervigen Bemerkungen, ihre Kränkungen und deshalb bevorzugte sie ein unabhängiges Leben.

Half ich der Witwe? Es wäre absurd, das zu leugnen. Hatte ich Mitleid mit meinem Neffen? Das ist wahr. Unglücklicherweise kann man manchmal, wenn man Mitgefühl zeigen will, unbarmherzig werden.

So war es in meinem Fall. Aus Mitgefühl habe ich das Kind in ein Internat geschickt (angeblich damit er eine solide, anständige und strenge Ausbildung erhalten sollte), ohne mich auch nur im Geringsten um die Gefühle seiner Mutter zu kümmern und ich beging sogar den Fehler, der leidenden Mutter zu verbieten, ihren Sohn zu besuchen; ich dachte, so würde ich meinen Neffen vor Schaden jeder Art bewahren und er würde später ein großer Herr werden, usw.

Der Pfad, der in den Abgrund führt, ist gepflastert mit guten Vorsätzen. Nicht wahr? So ist es. Wie oft will man etwas Gutes tun und tut etwas Schlechtes! Meine Absichten waren gut, aber das Vorgehen war falsch. Ich war jedoch fest davon überzeugt, das Richtige zu tun.

Meine Schwester litt sehr unter der Abwesenheit ihres Sohnes und sie konnte ihn nicht einmal im Internat besuchen, weil ihr das verboten war. Offensichtlich gab es von meiner Seite Liebe für meinen Neffen und Grausamkeit für meine Schwester; jedoch glaubte ich, wenn ich dem Sohn helfen würde, würde ich auch der Mutter helfen.

Glücklicherweise erscheint in jedem von uns, in jenen inneren Regionen, in denen die Liebe fehlt, wie durch Zauber die Polizei des Karma, das Kaom. Es ist nicht möglich, vor den Agenten des Karma zu fliehen, denn in jedem von uns existiert die Polizei, die uns unausweichlich vor das Tribunal bringt.

Viele Jahrhunderte sind seit jener Epoche vergangen; alle Personen dieses Dramas wurden alt und starben. Aber das Gesetz der Rekurrenz ist schrecklich, und alles wiederholt sich so, wie es geschah, plus der Konsequenzen.

Im Zwanzigsten Jahrhundert haben wir, die Akteure dieser vergangenen Ereignisse, uns wieder getroffen. Alles hat sich auf gewisse Weise wiederholt, aber natürlich mit den entsprechenden Konsequenzen.

Dieses Mal war ich derjenige, der von der Familie ausgeschlossen wurde; so ist das Gesetz.

Meine Schwester fand ihren Ehemann wieder; ich für meinen Teil war nicht unzufrieden, wieder mit meiner ehemaligen Priestergattin vereint zu sein, die unter dem Namen Litelantes bekannt ist.

Jener so geliebte und umstrittene Neffe wurde wiedergeboren, dieses Mal in einem weiblichen Körper; es ist ein sehr hübsches Mädchen; ihr Gesicht ist wie eine herrliche Nacht und in ihren Augen strahlen die Sterne.

Eines Tages lebten wir in der Nähe des Meeres und das Mädchen (der Neffe von früher) konnte nicht spielen, sie war sehr krank, sie hatte eine Darminfektion.

Es war eine sehr heikle Situation, viele Kinder in ihrem Alter starben damals an dieser Ursache. Warum sollte meine Tochter eine Ausnahme sein? Die zahlreichen Heilmittel, die man ihr verabreichte, waren nutzlos; in ihrem kindlichen Gesicht, begann sich schon auf schreckliche Weise das unmissverständliche Zeichen des Todes abzuzeichnen.

Das Scheitern schien unvermeidlich, der Fall war offensichtlich verloren und ich hatte keine andere Wahl, als den Drachen des Gesetzes zu besuchen, jenen schrecklichen Genius des Karma, dessen Name Anubis ist.

Gott sei Dank wussten Litelantes und ich glücklicherweise, wie man bewusst und positiv im Astralkörper reist.

Deshalb war es für uns kein Problem, uns gemeinsam zum Palast des großen Archonten zu begeben, in das Paralleluniversum der fünften Dimension.

Dieser Tempel des Karma war beeindruckend, majestätisch und grandios.

Dort auf seinen Thron saß der Hierarch, eindrucksvoll, schrecklich göttlich; jeder würde erschrecken, ihn mit der heiligen Schakalmaske in seinem Amt zu sehen, so wie er auf vielen Reliefs des antiken pharaonischen Ägypten zu sehen ist.

Schließlich bekam ich die Möglichkeit mit ihm zu sprechen und natürlich nütze ich die Gelegenheit:

„Du stehst in meiner Schuld!" – sagte ich zu ihm – *„Welche Schuld?"* antwortete er erstaunt. Daraufhin stellte ich ihm zufrieden einen Mann vor, der in anderen Zeiten ein bösartiger Dämon war; ich beziehe mich auf Astaroth, den großen Herzog.

„Er war ein verlorener Sohn für den Vater" – fuhr ich fort – *„und dennoch habe ich ihn gerettet, ich zeigte ihm den Pfad des Lichts, ich holte ihn aus der Schwarzen Loge, nun ist er ein Schüler der Weißen Bruderschaft und du hast diese Schuld nicht bei mir bezahlt."*

Tatsache ist, dass jenes Kind nach dem Gesetz sterben müsste und ihre Seele in die Gebärmutter meine Schwester eindringen sollte, um einen neuen physischen Körper zu bekommen. So verstand ich es und deshalb fügte ich hinzu: *„Ich bitte, dass Astaroth sich in den Bauch meiner Schwester begibt, anstatt der Seele meiner Tochter."*

Die feierliche Antwort des Hierarchen war eindeutig: *„Es wurde gewährt, dass Astaroth als Kind deiner Schwester geboren wird und deine Tochter gesund wird."*

Unnötig zu erwähnen, dass dieses Mädchen (mein ehemaliger Neffe) auf wundersame Weise geheilt wurde und meine Schwester einen Sohn bekam. Ich hatte Geld, mit dem ich diese Schulden bezahlen konnte, ich hatte kosmisches Kapital. Das Gesetz des Karma ist kein blindes, mechanisches Gesetz, wie viele Pseudo-Esoteriker und Pseudo-Okkultisten vermuten.

Wie die Tatsachen zeigen, ist es leicht zu verstehen, dass ich durch den möglichen Tod meiner Tochter den gleichen Schmerz der Trennung fühlen sollte, jene Bitternis, die meine Schwester in der damaligen Zeit beim Verlust ihres Sohnes gefühlt hat.

So würde durch das große Gesetz der Schaden behoben werden, ähnliche Szenen würden sich wiederholen, aber dieses Mal wäre ich das Opfer.

Glücklicherweise ist das Karma verhandelbar, es ist nicht der blinde Mechanismus der Astrologen und Chiromanten der Volksfeste.

Ich hatte kosmisches Kapital und bezahlte diese alte Schuld; somit war es mir Gott sei Dank möglich, die Bitternis zu vermeiden, die mich erwartete.

Wann werden die Leute all die Mysterien der Rune Rita verstehen? Zweifellos ist dies die Rune des Gesetzes. Rita erinnert uns an die Wörter: Räsonieren, Rad, Religion, Recht.

Im römischen Gesetz sind die Waage und das Schwert die Symbole der Gerechtigkeit. Es ist somit nicht seltsam, dass man im Palast des Anubis, des großen Archonten des Gesetzes, überall Waagen und Schwerter sieht.

Der große Richter wird bei seiner Arbeit von den 42 Richtern des Gesetzes unterstützt. Vor dem Tribunal des Karmas fehlen nie erhabene Anwälte des großen Gesetzes, die uns verteidigen, wenn wir genügend kosmisches Kapital haben, um unsere alten Schulden zu bezahlen.

Es ist auch möglich, einen Kredit bei den Herren des Gesetzes oder Archivaren des Schicksals zu bekommen, aber man muss ihn mit guten Taten, mit Arbeit für die Menschheit oder mit höchstem Schmerz bezahlen.

Man bezahlt Karma nicht nur für das Böse, das man getan hat, sondern auch für das Gute, das man hätte tun können und nicht getan hat.

Übung:

Die grundlegenden Mantrams der Rune Rita sind: Ra … Re … Ri … Ro … Ru …

Bei der Rune „F" haben wir die Arme erhoben. Bei der Rune „U" haben wir die Beine geöffnet. Bei der Rune „D" haben wir den Arm auf die Hüfte gestützt. Bei der Rune „O" waren die Beine geöffnet und die Arme über den Kopf gehoben. Nun bei der Rune Rita müssen wir ein Bein abspreizen und einen Arm auf die Hüfte stützen. Bei dieser Position werden unsere gnostischen Schüler sehen, dass sie selbst die jeweiligen Buchstaben der Runen nachbilden, so wie sie geschrieben werden.

Diese runische Übung hat die Macht, unseren inneren Richter zu wecken.

Wir müssen uns in Richter des Bewusstseins verwandeln, es ist notwendig, das Buddhata, die Seele zu erwecken.

Diese Rune hat die Macht, das Bewusstsein der Richter zu erwecken.

Erinnern wir uns an das, was Reue genannt wird; das ist sicherlich die anklagende Stimme des Bewusstseins.

Jene, die niemals Reue fühlen, sind in der Tat sehr weit entfernt von ihrem inneren Richter, meist sind das verlorene Fälle.

Solche Leute müssen sehr intensiv mit der Rune Rita arbeiten und ihren inneren Richter befreien.

Wir müssen dringend lernen, uns von der Stimme der Stille leiten zu lassen, d. h., vom inneren Richter.

Die göttliche Mutter Kundalini

Oh, Muse! ... Inspiriere mich, damit mein Stil nicht vom Thema ablenkt. Oh, göttliche Mutter Kundalini! ... Du bist Venus, meine Herrin, du bist Heva, Isis, Sophia Acharnoth, Parvati, Uma, Tonantzin, Rea, Cibeles, Mary oder besser gesagt: Ram – Io.

Oh Devi Kundalini! Du bist Adschanti, Rajeswari, Adonia, Insobertha, Tripurusndari, Maha Lakshmi, Maha Saraswati. Ohne dich, oh verehrungswürdige Mutter, wäre die Manifestation des Prana, die Elektrizität, die magnetische Kraft, die molekulare Kohäsion und die kosmische Schwerkraft mehr als unmöglich. Du bist die Matripadma, die Devamatri, Aditi oder der kosmische Raum, die Mutter der Götter!

Oh ewige kosmische Mutter, du hast drei leuchtende Aspekte während der kosmischen Manifestation und zwei Antithesen.

Mögen mir die Menschen zuhören! Es wird gesagt, das jedes lebende Wesen seine eigene Devi Kundalini hat, seine eigene göttliche Mutter.

Es ist absolut unmöglich, das Ahamkrita Bhava, den egoischen Zustand unseres Bewusstseins tatsächlich zu eliminieren, wenn wir das Verbrechen begehen, unsere göttliche Mutter Kundalini zu vergessen.

Das intellektuelle Tier, fälschlicherweise Mensch genannt, ist nichts anderes als eine Zusammensetzung von Aggregaten, die früher oder später zu kosmischem Staub werden müssen.

Das einzige Ewige in uns ist der innere Buddha und dieser befindet sich in Wahrheit jenseits des Körpers, des Verstandes und der Emotionen.

Die eitlen und vergänglichen Aggregate zu eliminieren, ist etwas Wesentliches und Entscheidendes, um das Bewusstsein zu erwecken.

Diese Aggregate sind jene Wesenheiten oder finsteren *Ichs*, die in den fünf Zentren der Maschine leben.

In unseren vergangenen *Weihnachtsbotschaften* haben wir schon erklärt und mit aller Deutlichkeit gesagt, dass die fünf Zylinder der Maschine folgende sind: Intellekt, Emotion, Bewegung, Instinkt und Sexualität.

Wir betonen: die teuflischen *Ichs* bilden das Ego (vielfältige *Ich*) und in jedem von ihnen schläft das Bewusstsein. Diese *Ichs*, diese Wesenheiten, diese Aggregate, die unsere Defekte personifizieren, zu eliminieren, ist unerlässlich, um das Bewusstsein zu erwecken und das Atman-Vidya, die vollkommene Erleuchtung zu erreichen.

Tiefes Verständnis, sich des Defektes, den wir auslöschen wollen, bewusst zu sein, ist wesentlich, aber nicht alles; die Elimination ist notwendig und diese ist nur mit Hilfe von Kundalini möglich.

Der Verstand kann keine grundlegende Veränderung herbeiführen; das Einzige, was er tut, ist die Dinge anders zu benennen, Defekte zu verstecken, sie von einem Niveau zum anderen zu verschieben, usw.

Fehler zu eliminieren ist etwas anderes und das wäre ohne Devi Kundalini, die feurige Schlange unserer magischen Kräfte, absolut unmöglich.

Eines Nachts, unabhängig von Tag und Stunde, reiste ich im Astralkörper im Paralleluniversum der fünften Dimension, trunken von einer gewissen spirituellen Sinnlichkeit, erreicht ich verzückt die mysteriöse Schwelle jenes wunderbaren Tempels der Zweimalgeborenen.

Der Wächter der großen Mysterien, hieratisch und schrecklich wie immer, war an der Tür, und als ich eintreten wollte, geschah etwas Ungewöhnliches.

Er sah mich durchdringend an und sagte mit strenger Stimme: *„Unter einer Gruppe von Brüdern, die in der neunten Sphäre gearbeitet haben und sich, nachdem sie in dieser Region gearbeitet haben, in diesem Tempel eingefunden haben, bist du der am weitesten fortgeschrittene, aber jetzt stagnierst du."*

Diese Worte des Wächters, die an der Schwelle des Mysteriums mit solcher Strenge ausgesprochen wurden, machten mich ratlos, verwirrt und unschlüssig und mir fiel nichts anderes ein, als zu fragen:

„Warum?" Der Hierarch beantwortete meine Frage und sagte: *„Weil dir Liebe fehlt."*

„Wieso?", antwortete ich, *„ich liebe die Menschheit, ich arbeite für alle menschlichen Wesen, ich verstehe nicht, was du sagst. Wo fehlt es mir an Liebe?"*

„Du hast deine Mutter vergessen, du bist ein undankbarer Sohn", erklärte der Wächter, und ich muss gestehen, die Art, wie er die Worte betonte, erzeugten in mir nicht nur Schmerz, sondern auch Entsetzen.

„Aber ich weiß nicht, wo sie ist, seit langer Zeit habe ich sie nicht gesehen", sagte ich, im Glauben, dass er sich auf meine irdische Erzeugerin beziehen würde, die ich verlassen musste, als ich sehr jung war.

„Wie ist es möglich, dass ein Sohn nicht weiß, wo seine Mutter ist?", erwiderte der Wächter und fuhr fort: *„Ich sage das zu deinem Besten, denn du schadest dir selbst."*

Ich gestehe, dass ich erst nach mehreren Tagen und sinnlosen Recherchen, um meine irdische Mutter in dieser Welt zu finden, schließlich die rätselhaften Worte des Hüters des Tempels verstand.

Ach ... aber die pseudoesoterische und pseudookkulte Literatur, die es zuhauf auf den Markt gibt, sagt nichts darüber. Was, wenn ich das vorher gewusst hätte? Ich dachte viel nach und schließlich betete ich.

Beten heißt, mit Gott zu reden, und ich habe im Geheimen zum ewigen Weiblichen, zu Gott Mutter gebetet. Dann erkannte ich, dass jede Kreatur ihre eigene göttliche Mutter hat und ich erfuhr sogar den geheimen Namen meiner Mutter.

Natürlich litt ich in jener Zeit unaussprechlich, als ich die Egos auslöschte, als ich kämpfte, um sie in kosmischen Staub zu verwandeln.

Das Schrecklichste von allem ist, dass ich die zweite Geburt erreicht hatte und sehr gut verstand, dass ich scheitern würde, wenn ich es nicht erreichen würde, in mir selbst zu sterben, dass ich mich in eine Fehlgeburt der kosmischen Mutter verwandeln würde, in einen Hanasmussen (das H wird wie ein J ausgesprochen) mit einem doppelten Schwerkraftzentrum.

Meine Bemühungen schienen erfolglos, ich habe die Prüfungen nicht bestanden, und wenn ich so weitergemacht hätte, wäre ein Scheitern unvermeidlich gewesen.

Glücklicherweise, Gott sei Dank, konnte der Hüter des Tempels mich warnen und belehren.

Die Arbeit war schrecklich, die Misserfolge zeigten mir genau, wo die Fehler lagen. Jede einzelne Prüfung reichte aus, um mich auf den grundlegenden Defekt hinzuweisen, mir den Fehler zu zeigen.

Die Meditation über jeden Fehler war ausreichend, um ihn zu verstehen, obwohl ich eindeutig nachweisen konnte, dass es viele Stufen in Bezug auf das Verständnis gibt. Dieses Verstehen ist sehr dehnbar und formbar, oft glauben wir, einen psychologischen Defekt vollkommen verstanden zu haben und erst später entdecken wir, dass wir ihn eigentlich nicht verstanden haben.

Das Auslöschen ist eine andere Sache, jemand kann einen Defekt verstehen, ohne es zu erreichen, ihn auszulöschen. Wenn wir die göttliche Mutter Kundalini ausschließen, ist die Arbeit unvollkommen; dadurch wäre es unmöglich, Defekte zu eliminieren.

Ich wurde offen gesagt zu einem Feind von mir selbst, ich entschied, Verständnis und Eliminierung in Einklang zu bringen. Jeder verstandene Defekt wurde mit der Kraft der göttlichen Mutter Kundalini ausgelöscht.

Schließlich habe ich eines Tages meine Arbeit im Tartarus, im Avernus, im niederen Mineralreich, in diesen infradimensionalen Regionen oder niederen Paralleluniversen überprüft.

Als ich in der Barke von Charon durch die Gewässer des Acheron fuhr, erreichte ich das andere Ufer, um meine Arbeit zu überprüfen und dort sah ich Millionen von *Ich-Teufeln*, meine Aggregate, Teile von mir selbst, die in diesen Regionen lebten. Ich wollte etwas wiederbeleben, ein Bildnis, das meinen eigenen sündigen Adam symbolisierte, der dort wie ein Kadaver in den schlammigen Wassern des Flusses lag.

Da sagte meine göttliche Mutter, gekleidet wie eine Trauernde, mit einer Stimme voll unendlicher Liebe: *„Das ist schon tot, ich kann nichts mehr daraus entnehmen.“*

Meine Mutter hat tatsächlich diese Legion von *Ich-Teufeln* aus mir extrahiert, all diese finsteren Wesenheiten, die unsere Defekte verkörpern und das *Ego* bilden.

So erreichte ich die Auslöschung des vielfältigen *Ichs*, so erreichte ich es, all diese Aggregate, die das *mich selbst* bilden, zu Staub zu reduzieren.

Die Schmiede der Zyklopen (Die Sexualität)

Venus, die göttliche Mutter Kundalini, bittet bei Vulcanus für ihren Sohn Äneas und lehrt ihn den Schlüssel der inneren Selbstverwirklichung.

Und die Göttin sagte:

„Höre mich an, du, der du das unbezwingbare Eisen mit den Feuern aus dem Inneren der Erde schmiedest!

Während der neun Jahre, in denen Troja von den Griechen angegriffen wurde, habe ich dich nie behelligt, habe ich nie Waffen für meine Schützlinge verlangt. Aber nun ist es mein Sohn, der sich in tödlicher Gefahr befindet!

Viele kriegerische Nationen verfolgen ihn, um seine Rasse auszurotten. Als die Mutter von Achilles und andere Gottheiten dich anflehten, hast du Waffen für ihre Helden geschmiedet.

Nun bin ich es, deine Frau, die dich darum bittet. Gib meinem Äneas Waffen, damit er sich schützen kann vor dem schrecklichen Sturm, vor der Flut von Eisen und Pfeilen, die auf ihn zukommt.

Es ist kein Zerstörer, denn er versucht nur, sich gegen diejenigen zu verteidigen, die gegen sein Ziel eines fruchtbaren Friedens kämpfen."

Oh, ihr, die ihr mutig in den Avernus hinabgestiegen seid, um in der feurigen Schmiede des Vulcanus (die Sexualität) zu arbeiten, hört mir zu.

Neun Monate bleibt der Fötus innerhalb des Mutterleibes, und neun Zeitalter blieb die gesamte Menschheit im Leib der Rea, Ceres, Kibeles, Isis, der kosmischen Mutter.

Vulcanus arbeitet in der neunten Sphäre der Unterwelt und schmiedet das unbezwingbare Eisen mit den lebendigen Feuern des planetaren Organismus.

Leute mit Thelema (Willenskraft), Männer und Frauen mit einer Willenskraft aus Stahl, arbeitet ohne Pause in der neunten Sphäre (der Sexualität).

Venus, die göttliche Mutter Kundalini ist, war und wird immer die Priestergattin des Vulcanus, des Dritten Logos, des Heiligen Geistes sein.

Und der Allmächtige steigt aus den Höhen des wundervollen Himmels in die schreckliche Schmiede der Zyklopen hinab.

Mit lauter Stimme ruft er nach seinen drei Brüdern Brontes, Steropes, Pyracmon, lebendige Symbole der Elementarwesen der Luft, des Wassers und der duftenden Erde.

Die Arbeit in der Schmiede der Zyklopen (die Sexualität) ist schrecklich. Hier wirken die Blitze der Gewitter, die geheimen Kräfte des Sturmes und das Wehen der orkanartigen Winde zusammen.

Dort wird Blei in Gold verwandelt und der Stahl des flammenden Schwertes wird gehärtet.

Dort wird der riesige Schutzschild der Seele geschmiedet; er allein genügt, um die Angriffe der schrecklichsten finsteren Armeen aufzuhalten.

Eine silberne Rüstung, ein glänzender Schild, gebildet aus umgewandelten Atomen mit sehr hoher Spannung, die sich im Samensystem befinden. Ein göttlicher goldener Schild, siebenfach in der inneren Beschaffenheit des wahren Menschen.

Die sexuelle Höhle erzittert unter dem erotischen Druck des Blasebalgs während des Maithuna und die schwitzenden starken Arme schlagen den Amboss mit rhythmischer Anstrengung.

Äneas ähnelt einem Gott, als er die stolzen Laurenter und den ungestümen Turnus in der Schlacht herausfordert. Äneas, glücklich über das Geschenk seiner göttlichen Mutter, legt die Waffen an, die von Vulcanus geschmiedet wurden.

Seht hier die solaren Körper, den schrecklichen Zimier und den Helm, geschmückt mit bedrohlichen Flammen; das flammende Schwert und den Brustharnisch aus Bronze; die polierten Beinschienen und den Schild mit zahllosen Figuren.

Auf jenem goldenen leuchtenden Schild gravierte Vulcanus, der dritte Logos, der Heilige Geist, erstaunliche Prophezeiungen ein.

Dort erstrahlte herrlich die Rasse der entfernten Nachkommen von Ascanius; die Wölfin, die Romulus und Remus säugte und der erstere der beiden Brüder, oh Gott, der die Sabinerinnen raubte und damit einen blutigen Krieg entfachte.

Ach, wenn die Leute das Mysterium dieser Zwillinge nur verstehen würden ... eine einzige Seele in zwei verschiedenen Personen ... das Buddhata in zwei Teile geteilt und in zwei verschiedenen Persönlichkeiten inkarniert.

Romulus und Remus wurden von der Wölfin des Gesetzes gesäugt, eine Seele mit zwei Namen, zwei Personen, zwei Körper.

Die Götter wissen sehr gut, dass es möglich ist, gleichzeitig zu verschiedenen Zeiten und an verschiedenen Orten zu leben.

Wie viel Weisheit hat Vulcanus in die strahlende Aura von Äneas eingeprägt, wie viele Prophezeiungen.

Seht hier, Menschen und Götter, den König Porsenna, außergewöhnlich, wunderbar, der die Römer beschwört, Tarquinius durch die unbesiegbare Mauer in die Stadt zu lassen.

Seht, die goldene Gans an der Spitze des Schildes, die mit den Flügeln schlägt, und die um Hilfe bittet gegen die Gallier, die versuchen, das römische Kapitol zu überfallen.

Schaut, seht, die Ordensbrüder der Salier mit ihren marsianischen Tänzen und ihren kriegerischen Chören; die keuschen Matronen in ihren Kutschen; den Verräter Catilina, der im Avernus gequält wird; die blassen Furien; Cato, den weisen Staatsmann; die Kriegsschiffe; Cäsar Augustus, Agrippa, unterstützt von den Göttern und den Winden; Marcus Antonius und Kleopatra; Anubis, den Herrn des Gesetzes, Neptun, Venus und Minerva, die Göttin der Weisheit.

Und schließlich, oh Gott, Cäsar, der siegreich nach Rom zurückkehrt, die besiegten Nationen, die Reihen von Sklaven, reiche Beute, goldene Throne, besiegte Könige.

Die Rune Kaum

Vor langer Zeit, in der tiefen Nacht der Jahrhunderte, auf dem Kontinent Mu oder Lemurien, lernte ich Jahwe kennen, jenen gefallenen Engel, von dem Saturninus von Antiochia sprach.

Jahwe war ein ehrwürdiger Meister der Weißen Bruderschaft, ein glorreicher Engel aus vergangenen Mahamvantaras. Ich kannte ihn, ich sah ihn, er war ein Priester und Krieger bei den Leuten von Lemurien; jeder liebte, verehrte ihn und betete ihn an.

Die Hierophanten der purpurnen Rasse gewährten ihm die hohe Ehre, Brustpanzer, Zimier, Helm, Schild und Schwert aus purem Gold zu tragen.

Jener Priesterkrieger strahlte wie eine Flamme aus Gold unter dem dichten Dschungel der Sonne.

Auf seinem symbolischen Schild hatte Vulcanus viele Prophezeiungen und schreckliche Warnungen eingraviert.

Wehe! Wehe! Wehe! Dieser Mann beging den Fehler, die Mysterien des Vulcanus zu verraten.

Die Luzifere jener Epoche, die in der Atmosphäre des antiken Kontinents Mu schwebten, lehrten ihn den schwarzen Tantrismus, das Maithuna-Ritual mit der Ejakulation des Ens Seminis.

Das Schlimmste war, dass dieser Mann, der von der ganzen Welt so geliebt und verehrt wurde, sich überzeugen ließ und diese verderbliche Art der Sexualmagie mit verschiedenen Frauen praktizierte.

Deshalb ist es klar, dass die feurige Schlange unserer magischen Kräfte durch den Rückenmarkkanal abgestiegen ist, vom Steißbein nach unten projiziert wurde und im Astralkörper von Jahwe das abscheuliche Organ Kundartiguador gebildet und entwickelt hat.

Auf diese Weise fiel jener Engel und verwandelte sich im Laufe der Zeitalter in einen schrecklich bösartigen Dämon.

In den höheren Welten haben wir oft die Priester-Gattin von Jahwe getroffen, sie ist ein unbeschreiblicher Engel.

Die Anstrengungen dieses Mannes, seine Gattin zu überzeugen, waren nutzlos, sie akzeptierte den schwarzen Tantrismus der Finsteren niemals und bevorzugte die Scheidung, anstatt den schwarzen Pfad zu betreten.

Jahwe ist jener Dämon, der Jesus den Christus versuchte, und der ihn in der Wüste während des Fastens in Versuchung brachte und sagte:

„Wenn du Gottes Sohn bist, befehle diesem Stein, sich in Brot zu verwandeln.“

„Der Mensch lebt nicht vom Brot allein, sondern von einem jeglichen Wort Gottes“, antwortete Jesus.

Die heiligen Schriften sagen, dass Jahwe Jesus den großen Kabir auf einen hohen Berg brachte und ihn in Versuchung führte, indem er sagte: *„Itababo, all diese Königreiche der Welt will ich dir geben, wenn du mir zu Füßen fällst und mich anbetest.“* Der große Meister antwortete:

„Satan, Satan, es steht geschrieben, du sollst anbeten den Herrn, deinen Gott und ihm allein dienen.“

Und schließlich sagt man, dass Jahwe Jesus nach Jerusalem brachte und ihn auf die Zinne des Tempels stellte und zu ihm sprach:

„Bist du der Sohn Gottes, so wirf dich hinab; denn es steht geschrieben: er wird seinen Engeln für dich Befehl geben und sie werden dich auf Händen tragen, damit du deinen Fuß nicht an einen Stein stößt.“

Da antwortete Jesus und sagte:

„Wiederum steht auch geschrieben: du sollst den Herrn, deinen Gott nicht versuchen.“ Als Jahwe seine Versuchungen beendet hatte, verließ er ihn für eine Zeit.

Wenn wir alle Mysterien der Rune Kaum in aller Tiefe verstehen wollen, müssen wir jetzt über den weißen Tantrismus sprechen.

In diesem Augenblick kommen mir die Zeiten des alten Ägypten in den Sinn. Während der Dynastie des Pharao Chephren, im sonnigen Land von Kem, war ich ein ägyptischer Eingeweihter.

An einem sonnigen Abend ging ich durch den Sand der Wüste, entlang einer Straße mit tausendjährigen Sphinxen und erreichte die Tore einer Pyramide.

Der Hüter des Tempels, ein Mann mit einem hieratischen und schrecklichen Gesicht, stand an der Schwelle; in seiner Rechten hielt er bedrohlich das flammende Schwert.

„Was wünscht du?"

„Ich bin Sus (ein Bittsteller oder Kniender), *der kommt, auf der Suche nach Licht."*

„Was möchtest du?" Ich antwortete noch einmal *„Licht."*

„Was brauchst du?"

„Licht", antwortete ich aufs Neue.

Ich werde nie jenen Moment vergessen, als die schwere Türe aus Stein sich in ihren Angeln drehte und den charakteristischen Klang des pharaonischen Ägyptens erzeugte, dieses tiefe C.

Der Hüter nahm mich plötzlich an der Hand und zog mich in den Tempel. Man nahm mir die Tunika und alle metallischen Objekte ab und unterzog mich schrecklichen und entsetzlichen Prüfungen.

Bei der Feuerprobe musste ich die vollkommene Kontrolle über mich bewahren; es war schrecklich, zwischen Stangen aus Stahl zu gehen, die rot glühten.

Bei der Wasserprobe wurde ich fast von den Krokodilen in einem tiefen Brunnen gefressen; bei der Luftprobe widerstand ich, an einem Ring über den Abgrund hängend, heldenmütig den stürmischen Winden; bei der Probe der Erde glaubte ich, zwischen zwei Felsen zu sterben, die mich zu zermalmen drohten.

Ich habe all diese Einweihungsproben schon in antiken Zeiten durchlebt, aber ich musste sie rekapitulieren, um zum richtigen Weg zurückzukehren, von dem ich mich entfernt hatte.

Man kleidete mich in eine Tunika aus weißem Leinen und hängte mir das Ankh-Kreuz an meine Brust. Ich trat ein wie jeder Neophyt, obwohl ich ein Bodhisattwa war, und musste strenge Studien und esoterische Disziplinen durchlaufen, und als ich die neunte Tür erreichte, lehrte man mich die großen Mysterien der Sexualität.

Ich erinnere mich noch an jenen Augenblick, an dem mein Guru mich nach tiefgründigen Erklärungen ernst ansah und mit feierlicher Stimme sagte:

„Entblöße deinen Chechere (Phallus).“

Dann übermittelte er mir von Mund zu Ohr das unaussprechliche Geheimnis des Großen Arkanums, *die sexuelle Verbindung von Lingam-Yoni ohne die Ejakulation des Ens Seminis.*

Danach holte er eine Vestalin mit gelber Tunika und von außergewöhnlicher Schönheit.

Gemäß den Anweisungen meines Lehrers realisierte ich die Arbeit mit ihr, ich praktizierte das Maithuna, den weißen Tantrismus.

„Diese Übung ist wunderbar“, sagte ich und stieg hinab in die neunte Sphäre, so verwirklichte ich das Große Werk.

Das Ziel war, die solaren Körper zu bilden und das Schlangenfeuer der okkulten Anatomie zu erwecken und entwickeln.

In jener Epoche gab es *heilige Prostituierte* in den Tempeln, spezielle Vestalinnen, mit denen die keuschen männlichen Eingeweihten arbeiteten. Wenn es heutzutage in den Lumisialen solche Frauen geben würde, wäre das unangemessen, es würde Ärgernis erregen; deshalb kann und darf das Maithuna, das Tantra Yoga, nur von Mann und Frau innerhalb einer legitimen Ehe praktiziert werden.

Im alten Ägypten der Pharaonen wurden diejenigen, die ihren Eid verletzten und das große Arkanum enthüllten, zum Tode verurteilt; sie wurden geköpft, ihr Herz wurde herausgerissen, ihre Körper wurden verbrannt und ihre Asche wurde schließlich in alle vier Winde verstreut.

Die mysteriöse Rune K repräsentiert mit absoluter Genauigkeit die Priestergattin und auch das flammende Schwert.

Die Rune Kaum mit ihrer kabbalistischen Sechs vibriert mit größter Intensität in der Sphäre der Venus, dem Planeten der Liebe.

Männer und Frauen der Welt, ihr müsst wissen, dass es nur mit Maithuna möglich ist, dieses ringförmige Schlangenfeuer im Körper des Asketen zu aktivieren.

Es ist dringend notwendig zu lernen, wie man das ewige weibliche Prinzip der solaren Kräfte weise handhabt.

Erinnern wir uns an den Adler mit einem Frauenkopf, an den weiblichen Aspekt der Sonne, die diamantene Grundlage des großen Werkes des Vaters.

Zuerst müssen wir das Blei in Gold umwandeln und danach müssen wir Diamanten der besten Qualität erzeugen.

Die Rune Rita beeinflusst die maskulinen endokrinen Drüsen und die Rune Kaum übet ihren Einfluss auf die femininen Drüsen aus.

Im Labyrinth all dieser Theorien gibt es viele Akrobaten des Hatha Yoga.

Diese Zirkusleute denken, dass sie das Maithuna ausschließen und sich selbstverwirklichen können, ohne in die neunte Sphäre hinabzusteigen zu müssen.

Diese akrobatischen Mystiker glauben, dass sie durch Pirouetten und absurde Gymnastik die solaren Körper fabrizieren und die zweite Geburt erreichen könnten.

Vor einiger Zeit hatte ich die große Ehre, zu einer geheimen Versammlung der großen Weißen Loge eingeladen zu werden. Ich muss der Welt mitteilen, dass damals das Hatha Yoga disqualifiziert, abgeurteilt und als authentische und eindeutig schwarze Magie der schlimmsten Art eingestuft wurde.

Die esoterischen Rektoren der Menschheit akzeptieren die absurden Kunststücke des Hatha Yoga nicht und werden sie niemals akzeptieren.

Wer sich wirklich zutiefst selbstverwirklichen will, muss den sexuellen Wasserstoff Si-12 mithilfe des sexuellen Yoga umwandeln, um damit die solaren Körper, das Hochzeitskleid der Seele, herzustellen.

Es ist absolut unmöglich, das wahre Sein in uns selbst zu inkarnieren, wenn wir nicht vorher die goldenen Körper in der Schmiede des Zyklopen erschaffen haben.

Es ist dringend notwendig und unerlässlich, dem Pfad auf des Messers Schneide entschlossen zu folgen.

Es ist an der Zeit, dem Weg der perfekten Ehe zu folgen, erinnert euch, dass unser Motto Thelema, Willenskraft ist.

Die Mysterien der Rune Kaum erstrahlen glorreich in der Tiefe der Arche und warten auf ihren Moment der Verwirklichung.

Übung:

Der gnostische Student stellt sich gerade hin, mit dem Gesicht nach Osten, und hebt seinen linken Arm, wie die Figur der Rune Kaum zeigt. Er atmet rhythmisch und vokalisiert das Mantra Kaum folgendermaßen: Kaaaaauuuuuuuummmmmmmmmmm .....

Die Ebene des Fegefeuers

Der Adler mit dem Gefieder aus purem Gold, der Ganymed entführte und zum Olympus brachte, wo er den Göttern als Mundschenk dienen sollte, hat die Gewohnheit in der Ebene des Fegefeuers zu jagen.

Dieser majestätische Vogel des Geistes zieht wunderbare Kreise und stößt dann schrecklich wie ein Blitz hinab und bringt die Seele zur Sphäre des Feuers, um mit ihr zu brennen, beide verwandelt in eine lebendige Flamme.

Erinnern wir uns an den mächtigen Achilles, der sich erschrocken umdrehte, ohne zu wissen, wo er sich befand, als seine Mutter ihn von Chiron wegholte und ihn schlafend auf die Insel Skyros brachte, wo ihn später die Griechen mitnahmen.

Mögen die Erinnerungen an jene Zeiten, in denen ich den Avernus verließ, um die Ebene des Fegefeuers zu betreten, zu mir kommen.

Meine Mutter hatte mich bereits gründlich unterrichtet, sie war zu einer wahren *Mater Dolorosa* geworden; sie war mit mir in Charons Boot gefahren; sie hatte mich die Auflösung des vielfältigen *Ichs* gelehrt und mir schließlich beigebracht, dass der Verstand selbst ohne Ego mit seinen schlechten Neigungen fortfährt.

Oh mein Gott! … Wenn das vielfältige *Ich* ausgelöscht ist, hinterlässt es im Verstand seine Samen der Verdammung. Die Yogis sagen, dass es notwendig ist, diese Samen zu verbrennen, sie einzuäschern, sie zu kosmischen Staub zu reduzieren.

Es ist dringend notwendig zu wissen, dass das *Ich* wiedergeboren wird, wie ein Unkraut aus den eigenen Samen. Es war also notwendig, diese schlechte Samen des giftigen Unkrauts zu verbrennen; es war notwendig, mich in die Ebene des Fegefeuers in der niederen molekularen Welt zu begeben, um die Brutstätte des *Ich Selbst* zu verbrennen.

Ich näherte mich, bis ich die Stelle erreichte, die mir zuvor wie ein Riss erschienen war, ähnlich einer Spalte, die eine Mauer teilt, und ich sah eine Tür, zu der man drei Stufen hinaufsteigen musste, die verschiedene Farben hatten; auf diesem schrecklichen Tor war mit unauslöschlichen Buchstaben das Wort „Fegefeuer" eingraviert.

Und ich sah einen Torwächter, der noch kein Wort geäußert hatte, dieser Genius stand auf der obersten Stufe, er war ein Engel von außerordentlicher Schönheit, imposant, streng, schrecklich göttlich; er hatte ein blankes Schwert in der rechten Hand, das Lichtstrahlen aussandte.

Jeder, der diese Ebene des Fegefeuers zu betreten will, wirft sich zu den Füßen dieses Engels nieder und bittet ihn um die Gnade, zu öffnen, wobei er sich vorher drei Mal auf die Brust schlägt.

Unvergesslich und schrecklich sind diese Momente, in denen der Engel auf die Stirn des Eingeweihten mit seinem Schwert den Buchstaben „P" schreibt, was siebenmal wiederholt wird. Dann ist der folgende Satz von seinen Lippen zu hören: *„Versuche, diese Male abzuwaschen, wenn du drinnen bist."*

Erinnert ihr euch an den Fall der Frau von Lot? Sie verwandelte sich in eine Salzsäule, weil sie zurückschaute.

So warnt auch der Engel des Fegefeuers, dass derjenige, der zurückschaut, nachdem er die niedere molekulare Welt betreten hat, seine Arbeit verliert und wieder dort hinausgeht, wo er eingetreten ist.

Dies bedeutet vollkommene Reue, nicht die gleichen Fehler der Vergangenheit wieder zu machen, keine Vergehen zu begehen.

Wer zurückschaut, scheitert, wiederholt die gleichen Fehler, kehrt zur sündigen Vergangenheit zurück, reinigt sich nicht.

Jeder, der zurückschaut, wird zu einem Versager des Fegefeuers. Im Fegefeuer muss man stets vorwärts marschieren.

In der niederen molekularen Ebene versteht man, wie absurd Hochmut und Stolz sind; wir sind nichts anderes als Puppen*), erbärmliche Würmer im Schlamm der Erde, in denen sich durch enorme innere Überanstrengung der himmlische Schmetterling bilden kann; aber dies ist kein

---

**) Hier ist die Puppe eines Schmetterlings gemeint. (Anm. des Übersetz.)*

Gesetz, das sich erfüllen muss, diese Puppen können sich auch verlieren und dies ist das Normale.

Wie töricht sind jene Neider, die, wenn sie einen glücklichen Menschen sehen, unaussprechlich leiden. Warum hängen sie ihr Herz an etwas, was alleinigen Besitz fordert?

„Beati Pacifici, die ohne bösen Zorn sind." Unglücklicherweise kann sich Zorn oder Wut mit der Robe des Richters oder mit dem Lächeln der Vergebung tarnen; jeder Defekt ist vielfältig.

In der Region des Fegefeuers leiden wir furchtbar unter dem Feuer der Lüsternheit; wir erleben in unterbewussten, niederen Sphären alle Genüsse der sexuellen Leidenschaft wieder, aber dies verursacht uns tiefen Schmerz.

„Adhaesit Pavimento Anima Mea." Arme Seelen, die an irdischen Dingen hängen, wie sehr leiden sie in der Region des Fegefeuers!

Bewohner der Region des Fegefeuers! Erinnert euch an Pygmalion, dessen Leidenschaft für Gold ihn zum Verräter, Dieb und was noch schlimmer ist, zum Mörder machte.

Und was sagen wir über das Elend des gierigen Midas, der sich im Laufe der unzähligen Jahrhunderte aufgrund seiner absurden Bitten in eine lächerliche Persönlichkeit verwandelt hat?

Und was können wir über die Faulheit sagen? Sie ist wie die Meerjungfrau, die die Seeleute im unermesslichen Meer der Existenz ablenkt, sie brachte Odysseus vom Weg ab und aus ihrem schrecklichen Schoß kommt die Pest.

Ihr Gefräßigen des Fegefeuers! Seht Bonifaz, der so viele Menschen fütterte, seht Messer Marchese, der in Forli seine Zeit damit verbrachte zu trinken, den jedoch der Durst nur ärger brannte und dem der Mund beständig trocken schien.

Erinnert euch an die verfluchten Wolkensöhne, die mit ihren Doppelbrüsten betrunken gegen Theseus kämpften.

Erinnert euch an die Hebräer, die beim Trinken ihre Bequemlichkeit zeigten, weshalb Gideon sie nicht als Gefährten wollte, als er von den Bergen bei Midian hinabmarschierte. Ich sah und hörte erschreckende Dinge im Fegefeuer; als ich dort all die Bestialitäten der antiken Zeiten wieder erlebte, fühlte ich mich wahrlich in ein Schwein verwandelt.

An einem dieser vielen Tage, als ich mit einer Seelengefährtin im Fegefeuer sprach, sagte ich zu ihr: *„Meine Schwester, hier sind wir Schweine geworden."*

„Das ist richtig", antwortete sie, *„hier haben wir uns Schweine verwandeln."*

Die Zeit verging und ich litt unaussprechlich, während ich die bösartigen Samen verbrannte, während ich all den Schmutz eliminierte.

Viele Seelengefährten in der Region des Fegefeuers ähnelten verwesenden Kadavern auf Lagern aus Schmerz; sie eliminierten Samen, schreckliche schmutzige Larven, bösartige Neigungen.

Diese armen Seelen seufzten und beklagten sich. Ich vergaß niemals meine göttliche Mutter, ich flehte sie immer an, mir bei dieser Arbeit im Fegefeuer zu helfen, um diesen oder jenen psychischen Defekt zu beseitigen. Der Kampf gegen mich selbst war schrecklich.

Schließlich betrat eines Nachts meine gesegnete göttliche Mutter Kundalini, verkleidet als Mann, das Fegefeuer. Ich erkannte sie intuitiv.

„Warum hast du dich als Mann verkleidet?", fragte ich.

„Um diese Regionen zu betreten", war ihre Antwort.

„Wann holst du mich hier raus?" (Sie, die Anbetungswürdige, legte das Datum und die Uhrzeit fest).

„Danach wird die telepathische Anweisung kommen", fuhr sie fort; natürlich verstand ich alles.

Verschiedene Details bestätigten die Worte meiner Mutter; die sieben Ps waren bereits nach und nach gelöscht worden, die Reinigungen waren offensichtlich, ergreifend, klar und positiv.

Der Tempel des Herkules

Das Heiligtum von Herkules (dem Christus), das im versunkenen Atlantis herrlich strahlte, war ein leuchtender Begleiter des wundervollen Tempels von Jagrenat, von dem A. Snider in seinem beeindruckenden Werk mit dem Titel: „La Creation et ses Mystères“ so viel Wunderbares erzählt.

Unvergessliche Zeiten tiefer Poesie sind jene, in denen König Evandro Äneas, dem berühmten Trojaner, beredt all die köstlichen Wonnen des heiligen Banketts, das zu Ehren Herkules veranstaltet wurde, erklärte.

Wenn der Gott Vulcanus (der dritte Logos) tatsächlich so viel Lob verdient, was sagen wir dann über den Herrn, den Christus, den zweiten Logos, Herkules?

Der Chor der Jugendlichen sang herrlich beim heiligen Bankett und lobte den Herrn und seine großen Taten; alle seine Arbeiten wurden mit einzigartiger Schönheit aufgezählt.

Herkules erwürgte alle giftigen Schlangen, die ihm als Kind das Leben rauben wollten (erinnern wir uns an Herodes und die Enthauptung der Unschuldigen).

Herkules köpfte die Hydra von Lerna, die verführende Schlange von Eden, die schreckliche Viper des finsteren Tempels der Göttin Kali.

Herkules reinigte mit dem heiligen Feuer die Ställe von Augias, d. h., die neunundvierzig Ebenen des Unterbewusstseins des menschlichen Verstandes, in denen all die schrecklichen Bestien des Verlangens wohnen.

Herkules tötete mutig den wütenden nemeischen Löwen, d. h., er eliminierte oder löschte das luziferische Feuer und holte Zerberus, den Höllenhund (den sexuellen Instinkt) aus der Finsternis ins Licht; das ist sicherlich bewundernswert und allen Lobes und Ruhms würdig.

Und wenn man bedenkt, oh Gott, dass Herkules seine Heldentaten jedes Mal wiederholt, wenn er auf die Welt kommt, das ist schrecklich ... großartig. Es ist klar und offensichtlich, dass wir zuerst in der feurigen Schmiede des Vulcanus (die Sexualität) arbeiten müssen, bevor wir Herkules in uns selbst inkarnieren können.

„Unglücklich ist der Samson der Kabbala, der sich von Delilah in den Schlaf wiegen lässt, der sein Zepter der Macht gegen den Knochen der Omphale tauscht, er wird bald die Rache von Deïaneira spüren und es bleibt ihm nichts anderes, als der Scheiterhaufen des Bergs Eta, um vor den verzehrenden Qualen der Tunika des Nessos zu fliehen."

Von den Höhen des tarpejischen Felsen aus werden all jene, die Herkules verraten haben, in den Abgrund gestürzt.

In den Zeiten des versunkenen Atlantis stand der Tempel des Herkules auf einem Felsgestein.

Die außergewöhnliche Marmortreppe ermöglichte den Zugang zum Tempel; seine zyklopische und imposante Masse machte ihn wirklich zu einem herrlichen Zwilling des ägyptischen Tempels von Philae und vieler anderer ehrwürdiger Heiligtümer der Mayas, Nahuas und Azteken.

Wenn wir auch nur einen Moment an die Stadt der Götter (Teotihuacan, Mexiko) und an die geheimen Straßen und unterirdischen Krypten dieses heiligen Ortes denken, die von den Touristen ignoriert werden, dürfen wir auch die kolossalen Konstruktionen unter dem Tempel des Herkules niemals vergessen.

Bei der hinteren Fassade des Tempels befand sich ein königlicher Portikus mit zwölf Statuen der Götter der Sternzeichen, die deutlich die zwölf Fähigkeiten des Menschen und die zwölf Erlöser symbolisierten, von denen der große Kabir Jesus so weise sprach.

Die alten Überlieferungen besagen, dass dieser Portikus dem berühmten Haus des Zwerges in Mexiko ähnelte, das auch Haus des Magiers, großes Teocalli oder Haus des Gottes genannt wird.

Die Eingeweihten betraten ehrfürchtig und ängstlich den schrecklichen Portikus und gingen zwischen den Säulen des Herkules hindurch.

Diese Säulen bestanden aus reinem Gold, und auf ihnen waren die Worte Adam Kadmon mit heiligen Buchstaben eingraviert; die F. M. kennen das J und das B sehr gut, Plus Ultra.

Sieben goldene Stufen, die der Eingeweihte herabstieg, führten ihn zu einem großen rechteckigen Raum.

Dieser mysteriöse Ort war vollkommen mit reinem Gold verkleidet und entsprach genau der oberen Halle, die immer offen für die Gebete der profanen Welt war.

Dies war die Kammer der Sonne; es gab vier weitere Kammern und in allen strahlten die Mysterien.

Die zweite Krypta war unbeschreiblich, man erreichte sie, indem man fünf Stufen aus silberfarbenem Zinn hinabstieg, dem heiligen Metall von Brihaspati, Jupiter oder Io.

In der dritten Krypta strahlten die Planeten Mars und Venus. Die rote Färbung des einen und das Weiß des Schaums des anderen gaben dem Raum eine wunderschöne rosa Farbe.

Von den sieben solaren Palästen ist der von Venus-Luzifer der dritte, (sowohl in der christlichen Kabbala als auch in der jüdischen), das Haus von Samael.

Auch die Titanen der westlichen Allegorie sind eng mit Venus-Luzifer verbunden. Shucra, das heißt, der Herrscher des Planeten Venus inkarnierte auf der Erde als Ushanas, auf hebräisch Uriel, und gab den Bewohnern dieser Welt vollkommene Gesetze, gegen die leider in späteren Jahrhunderten verstoßen wurde.

Ich habe Ushanas oder Uriel während der ersten Rasse auf dem polaren Kontinent getroffen. Er hat ein wunderschönes Buch mit runischen Zeichen geschrieben.

Luzifer ist der negative, unheilvolle Aspekt von Venus. Venus strahlt immer im Morgengrauen und auch die luziferischen Kräfte sind schrecklich aktiv.

Venus ist der große Bruder, der Botschafter des Lichtes der Erde, sowohl im physischen als auch im mystischen Sinn.

In der vierten Kammer der Einweihung des Tempels von Herkules strahlten immer Saturn und Mond, sie leuchteten von Angesicht zu Angesicht auf dem Altar.

Es ist dringend notwendig, sich zu erinnern, dass sich seit dem Zeitalter von Atlantis die zwei Pfade klar abzeichnen, der rechte und der linke Pfad, deren Kampf von mehr als 800.000 Jahren im orientalischen

Gedicht des großen Krieges oder des Mahabharata symbolisch besungen wird.

Wenn die atlantischen Eingeweihten etwas tiefer hinabstiegen, betraten sie die fünfte Krypta, die von Hermes oder Merkur, der auf dem Altar herrlich erstrahlte.

Merkur als astrologischer Planet ist der Vorbote und der Wolf der Sonne, solaris luminis particeps. Merkur ist der Herrscher und der Beschwörer der Seelen, der Erzmagier und der Hierophant. Merkur hält den Caduceus oder den Hammer mit zwei Schlangen in die Hand, um die in den Orkus oder Limbus (*tun virgam capit hac animas ille evocat orco)* gestürzten unglücklichen Seelen wieder zum Leben zu erwecken, um sie wieder in das himmlische Heer zu integrieren.

Erinnert euch, dass im Limbus viele heilige und weise Männer und sanfte Jungfrauen leben, die glaubten, sie könnten sich ohne Sexualmagie selbstverwirklichen. Arme Seelen ... sie haben nicht in der Schmiede der Zyklopen gearbeitet, sie haben nicht die solaren Körper erschaffen, das Hochzeitskleid der Seele.

Gesegnet ist, wer die Weisheit der fünf Krypten des Herkulestempels vollständig versteht.

Die Rune Hagal

Sprechen wir nun über Elementarwesen, Götter und Devas, Funken und Flammen. Mögen die Musen uns inspirieren!

Möge die Leier des Orpheus erklingen.

Erinnern wir uns an den alten Tiber, der sich als Nebel aus dem Wasser des Flusses erhoben hat, der seinen Namen trägt, um mit Äneas zu sprechen.

„Oh Sohn der Götter!", sagte er, „du, der du uns die Penaten Trojas bringst und den Ruf deines Landes gerettet hast! Erschrecke dich nicht vor den Gefahren des Krieges. Die wahre Verfolgung der Götter hat aufgehört. Jetzt bietet man dir Kampf an, aber du wirst siegreich kämpfen. Und damit du nicht glaubst, ein Spielzeug in einem sinnlosen Traum zu sein, werde ich dir ein Zeichen geben, das du bald wiedererkennen wirst."

„Unter den Büschen in die Nähe dieses Ortes wirst du eine weiße Sau finden, die dreißig neugeborene Ferkel säugt. Diese Begegnung stimmt mit anderen Prophezeiungen überein, die dir bereits gemacht wurden, und dient dazu, dir zu beweisen, dass dies das Land ist, das die Götter dir zugewiesen haben. Die dreißig Ferkel symbolisieren, dass dein Sohn Askanius innerhalb von dreißig Jahren hier die Stadt Alba Longa gründen wird. Was ich vorhersage, wird sich erfüllen. Und wenn du wissen willst, wie du Sieger über deine Feinde wirst, die dich bedrohen, höre mir zu: Unter den italischen Völkern ist nicht jedes bereit, Turnus zu unterstützen. Es gibt in der Nähe meiner Quellen eine Stadt, die der König Euandros regiert, der sich normalerweise immer mit der lateinischen Nation im Krieg befindet. Dieser Monarch wird dein Verbündeter sein. Um zu ihm zu gelangen, wirst du meinem Lauf flussaufwärts folgen, mit einem Schiff, in dem du Waffen und auserwählte Gefährten mitführen wirst."

„Als Zeichen der Intelligenz werde ich meine Wellen besänftigen, wenn ihr an Bord geht, damit ihr nicht gegen die Strömung rudern müsst. Und wenn du mit dieser und vielen anderen Hilfen deine Feinde besiegt hast, wirst du Zeit haben, mich zu ehren, so wie es mir zusteht."

So sprach der alte Tiber, kehrte zu seinem Zepter zurück und stürzte sich ins tiefe Wasser.

Und Vergil, der Dichter von Mantua erzählt, dass Äneas, als die Vision des Tiber verschwand, erwachte, aufstand und nachdem er sich die Augen gerieben hatte, umherlief, um zu sehen, ob er die Anzeichen entdeckte, von denen der erhabene alte Mann gesprochen hatte. Und tatsächlich dauerte es nicht lange, bis er die weiße Sau mit ihren dreißig Ferkeln entdeckte.

Es erübrigt sich zu erwähnen, dass die Vorhersagen des Gottes Tiber, des Devas der Elementarwesen des heiligen italischen Flusses, sich vollständig erfüllten.

Dies waren die Zeiten, in denen unsere arische Rasse noch nicht in den absteigenden involutiven Zyklus eingetreten war; der menschliche Verstand war noch nicht durch die materialistische Skepsis des 18. Jahrhunderts vergiftet; damals glaubten die Menschen an ihren Visionen und verehrten die Götter der Elementarwesen der Natur.

Dass die Jinas-Ebenen existieren, Paradiese, in denen Wolf und Lamm, Menschen und Götter miteinander leben, das liegt auf der Hand.

Erinnern wir uns an den Mönch Borintus, der, nachdem er einige Zeit zur See gefahren war, auf dem Rückweg in seine Heimat zu Brendan sagte, *„dass sich jenseits des steinernen Berges die Insel der Seligen befand, wohin sich sein Schüler Mernoc mit vielen Leuten seines Ordens zurückgezogen hatte und dass noch weiter westlich und jenseits einer Nebelschicht, eine andere Insel, das verheißene Land der Heiligen, im ewigen Licht erstrahlte"*.

Natürlich ließ sich Brendan die Geschichte nicht zweimal erzählen und voller Glauben und durchdrungen von heiligem Eifer stach er mit einem Weidenschiff, das mit gegerbtem Leder überzogen und geteert war, in See; und mit ihm siebzehn Ordensleute, darunter der junge Heilige Machutus, einer seiner berühmtesten Schüler.

Sie navigierten langsam in Richtung der Tropen und machten auf einer Insel halt, die steil aber freundlich war.

Sie kamen zu einer anderen, die reich an Landtieren und Süßwasserfischen war und vor Licht und Schönheit strahlte.

Und sie erreichten eine weitere Insel ohne Strände, Sand oder Anhöhen und sie beschlossen, dort Ostern zu feiern, aber dieses Land stellte sich als großer Wal heraus, vielleicht ein gigantischer Pottwal.

Sie fuhren weiter und blieben bis Pfingsten im Paradies der Vögel, wo die Fülle der Blätter und Blüten das Auge erfreute und die bunten Vögelchen das Ohr.

Sie irrten viele Monate auf dem Meer umher und auf einer anderen Insel, die von Zönobiten bewohnt wurde, die den Heiligen Patrick und den Heiligen Ailbeo als ihre Schutzheiligen verehrten, blieben sie von Weihnachten bis Epiphanias.

Sie verbrachten ein Jahr mit diesen Wallfahrten und trafen sich in den folgenden sechs Monaten immer zu Ostern auf der Insel des Heiligen Patrick und des Heiligen Ailbeo, zur Karwoche auf der Insel der Schafe, zur Auferstehung auf dem Rücken des Wals und zu Pfingsten auf der Insel der Vögel.

Sie waren noch nicht auf der Insel der Seligen angekommen, von wo aus Mernoc Borintus in das gelobte Land gebracht hatte.

Diesen seltsamen und mysteriösen Abenteuern folgten die merkwürdigsten Ereignisse.

Im siebten Jahr haben unsere Helden nacheinander mit einem Wal, einem Greif und mit den Zyklopen gekämpft.

Sie sahen andere Inseln, darunter eine weit entfernte, die große rote Früchte hervorbrachte und von einem Volk bewohnt wurde, das sich „starke Männer“ nannte, und eine andere, die vom Geruch einer Art von Trauben eingehüllt war, welche durch ihr Gewicht die Bäume bogen.

Sie kehrten zurück, um Ostern an dem üblichen Ort zu feiern, und segelten dann nach Norden. Sie mieden die schreckliche Felseninsel, ein Ödland, auf dem die Zyklopen ihre Schmieden hatten. Am nächsten Tag sahen sie einen hohen Berg, der Flammen spie und dies war die Insel der Unterwelt.

Zweifellos war dies nicht der Ort, den der heilige Borintus und seine Gefährten suchten, deshalb fuhren sie nach Süden. Sie landeten auf einer kleinen runden Insel ohne Vegetation, auf deren Gipfel ein Einsiedler lebte, der sie segnete.

Sie feierten die Karwoche, Ostern und Pfingsten, wo es bereits Brauch war, dies zu tun, und ließen diesen Teufelskreis dann hinter sich und überquerten das Gebiet der Dunkelheit, das die Insel der Heiligen umgibt, die ihnen wie mit Edelsteinen und herbstlichen Früchte bedeckt schien und beleuchtet von einem fortwährenden Tag.

Sie wanderten schließlich vierzig Tage lang auf der Insel, ohne ein Ende zu finden, und als sie auf einen Fluss trafen, sagte ihnen ein Engel, dass sie nicht weiter gehen dürften und dahin zurückkehren müssten, woher sie gekommen waren. Also durchquerten sie wieder die Dunkelheit, ruhten drei Tage auf der Insel der Seligen aus und mit dem Segen des Abtes jenes Klosters kehrten sie direkt nach Irland zurück, ohne zu begreifen, was ihnen geschehen war."

Diese in Anführungszeichen gesetzten Geschichten stammen von Sigeberto de Gemblours und Surio el Cartujo.

Ihr, die Würdigen, die ihr die zweite Geburt erreicht habt, das Ego aufgelöst habt und euch für die Menschheit geopfert habt, hört mir bitte zu!

Zeichnet auf dem lebenden Stein, dort am Strand, die Rune Hagal mit einem Stock. Ruft dann das Schiff des heiligen Schwans an, damit es euch zu den mysteriösen Inseln der vierten Dimension bringt.

Nachdem ihr das heilige Zeichen, die wunderbare Rune, gezeichnet habt, singt die folgenden Mantrams: Achaxucanac Achxuraxan Achgnoya Xiraxi Iguaya Hiraji.

Konzentriert euch auf die heilige Rune Hagal und bittet mit dem Herzen voller Glauben die römische Apia, die nordische Urwala, die skandinavische Erda, die ursprüngliche Sibylle der Erde, eure göttliche Mutter Kundalini, euch das einzigartige Boot, das von den Sylphen bewegt wird, zu schicken.

Ach! Gesegnet seit ihr, wenn ihr auf dem mysteriöse Schiff des heiligen Schwans zu den mysteriösen Inseln von Eden segelt.

Und euch, den Lehrlingen, rate ich, die heiligen Götter zu verehren, mit den Kreaturen des Feuers, der Luft, des Wassers und der Erde zu arbeiten.

Vergesst eure göttliche Mutter Kundalini nicht, ohne sie könnt ihr keinen Fortschritt in dieser heiligen Wissenschaft machen.

Erinnert euch daran, dass Gott keinen Namen hat und dass es nur ein Atmen, ein Seufzen ist, der unaufhörliche ewige Atem, sich selbst zutiefst unbekannt.

„H" ist eindeutig das Prinzip des Logos, aller Runen und aller Wörter.

Übung:

Geliebte Schüler, meditiert tief über die Einheit des Lebens, über das große Alaya des Universums, über die unsichtbare Welt, über die parallelen Universen der höheren Dimensionen des Raumes.

Konzentriert eure Gedanken auf die Walküren, auf die Götter des Feuers, der Luft, des Wassers und der Erde.

Agni ist der Gott des Feuers, Paralda ist der Gott der Luft. Varuna ist der Gott des Wassers, Gob ist der Gott des Elements Erde.

Durch die Meditation könnt ihr mit den Göttern der Elemente in Kontakt treten.

Zeichnet die Rune Hagal auf ein leeres Blatt Papier und konzentriert euren Verstand auf einen der vier Hauptgötter der Elemente. Ruft sie zu Hilfe, wenn es notwendig ist.

Schlusskommentar

Wie könnte man Xochipilli, den Gott der Freude, der Musik, des Tanzes und der Blumen bei den Azteken vergessen? Tlaloc, der Gott des Regens erstrahlt immer noch herrlich bei den Nahuas. Dieser Gott der Elementarwesen lebt im Paralleluniversum des bewussten Willens. *„Ich war nicht für die Menschenopfer verantwortlich"*, antwortete er, als wir ihn dessen beschuldigten, und fügte hinzu: *„Ich werde im Zeitalter des Wassermanns zurückkehren."*

Und was können wir über Ehecatl sagen, den Gott des Windes? Es war dieser aztekische Deva der Elementarwesen, der bei der Auferstehung

Jesu mitwirkte, indem er Aktivität und Bewegung in den Körper des Meisters brachte.

Wir Gnostiker verehren immer noch die Götter des jungen Mais und des reifen Mais.

Wir kennen den aztekischen Fledermaus-Gott sehr gut, diesen Engel, der im Paralleluniversum des kosmischen Willens lebt und der in der vierten Dimension mit den Engeln des Todes arbeitet. Wir lieben die Götter der Elementarwesen des alten pharaonischen Ägyptens und werden die tausendjährige Sphinx niemals vergessen.

Die Rune Hagal und die tiefe Meditation ermöglichen es uns, mit diesen Funken, mit diesen unbeschreiblichen Flammen in Kontakt zu treten.

Der Fluss Lethe

Die göttliche Mutter Kundalini hält immer ihr Wort. Ich wartete mit großer Geduld auf den Tag, das Datum und die Stunde.

Die Ebene des Fegefeuers ist sehr schmerzhaft und ich wollte sie verlassen, ich sehnte mich nach Befreiung.

Cato, der Engel des Fegefeuers, kämpft in diesen molekularen Regionen für die Freiheit der Seelen. Dieser Engel litt sehr, als er auf der Erde lebte; jeder Eingeweihte weiß, dass dieses Wesen ein Mann war und dass er es vorzog in Utica, Afrika zu sterben, anstatt in den Ketten der Sklaverei zu leben.

Ich wollte auch Freiheit und bat darum und sie wurde mir gewährt. Jedes Mal, wenn eine Seele das Fegefeuer verlässt, erzeugt das im Herzen von Cato große Freude.

Und der ersehnte Moment kam ... ich hatte das temporäre und das ewige Feuer kennengelernt, ich hatte den steilen und engen Weg hinter mir gelassen und ich musste der Sonne in meiner eigenen Seele begegnen.

Ich fühlte, dass aus dem Unbekannten etwas Geheimnisvolles die inneren atomaren Türen meines inneren Universums gewaltsam zu öffnen versuchte.

Unnötig waren meine Ängste, der vergebliche Widerstand; es zwang mich, drängte mich und schließlich, oh mein Gott, fühlte ich mich verwandelt; der kosmische Christus war in mich eingetreten.

Und meine Individualität? Wo ist sie geblieben? Was geschah mit meiner eitlen menschlichen Persönlichkeit? Wo war sie?

Ich erinnerte mich nur an das Heilige Land; die demütige Geburt im Stall der Welt; die Taufe im Jordan; das Fasten in der Wüste; die Verklärung; Jerusalem, die geliebte Stadt der Propheten; die Menschenmengen jener Zeit; die Doktoren des Gesetzes; die Pharisäer; die Sadduzäer; usw.

Ich schwebte in der Atmosphäre des Tempels und ging mutig auf den Tisch zu, vor dem die modernen Kaiphasse, die höchsten Würdenträger der gescheiterten Kirche saßen; gekleidet in ihre priesterlichen Gewänder und das Kreuz um den Hals hängend, entwarfen, ersannen, verfolgten sie geheime, heimtückische und perfide Pläne gegen mich.

„Ihr dachtet, ich würde nicht zurückkehren und hier bin ich wieder“, war das Einzige, was mir zu sagen einfiel.

Augenblicke später hatte der Herr mich verlassen und ich fühlte mich wieder als Individuum; dann ruhte ich mich zusammen mit Litelantes ein paar Momente am Fuße meines Kreuzes aus.

Ich kann nicht leugnen, dass mich die Splitter des schweren Holzes leider verletzten, und das erwähnte ich kurz Litelantes gegenüber.

Danach gingen wir beide zur Plattform des Tempels. Ein Meister ergriff das Wort, um zu sagen, dass *„der Christus keine Individualität hat und dass er sich in jedem Menschen inkarniert und manifestiert, der richtig vorbereitet ist.“*

Es ist klar, dass das Wort Mensch sehr anspruchsvoll ist. Diogenes fand in Athen keinen einzigen Menschen. Das intellektuelle Tier ist kein Mensch, um ein Mensch zu sein, muss man sich mit dem Hochzeitskleid der Seele kleiden, dem berühmten To Soma Heliakon, dem Körper oder besser gesagt den Körpern des solaren Menschen.

Glücklicherweise habe ich diese goldenen Körper in der Schmiede der Zyklopen hergestellt, in der feurigen Schmiede des Vulcanus.

Herkules hat in mir alle seine Heldentaten, alle seine Arbeiten wiederholt; er musste all die giftigen Schlangen erwürgen, die ihm als Kind das Leben nehmen wollten; er musste die Hydra von Lerna enthaupten, die Ställe von Augias säubern, den Löwen von Medea töten, den Höllenhund Zerberus aus dem schrecklichen Tartarus holen, usw.

Christus, Herkules, praktiziert, was er predigt, und jedes Mal, wenn er sich in einem Menschen inkarniert, wiederholt er sein gesamtes kosmisches Drama. Deshalb ist der Herr ein Meister der Meister.

Es steht geschrieben, dass der Menschensohn in die atomaren Höllen der Natur hinabsteigen muss.

Es steht geschrieben, dass der Menschensohn zum Himmel aufsteigen muss, nachdem er das Fegefeuer durchschritten hat.

Der Menschensohn muss vorsichtig in das Wasser von Lethe eintauchen, um die Unschuld zurückzugewinnen.

Wir müssen dringend die sündige und absurde Vergangenheit vergessen, den Ursprung so vieler Bitternisse.

Lethe und Eunoe sind sicherlich und ohne jeden Zweifel ein einziger Fluss mit klarem und tiefem Wasser.

Eine Seite, die Lethe heißt, fließt abwärts und singt wunderbar in ihrem Felsenbett, mit dieser wunderbaren Tugend, die die Erinnerung an die Sünde, die Erinnerung an das mich selbst, auslöscht.

Die andere Seite, so heilig und so erhaben, hat den wunderbaren Zauber, die Tugenden zu stärken und heißt Eunoe.

Es ist offensichtlich, dass die finsteren Erinnerungen so vieler vergangener Tage gelöscht werden müssen, denn leider haben sie die Tendenz, sich zu aktualisieren und sich durch die Gasse der Gegenwart in die Zukunft zu projizieren.

Im Namen der Wahrheit muss ich sagen, dass die intensive Arbeit im Wasser von Lethe normalerweise schrecklich schwierig und bitterer als Galle ist.

Es ist nicht einfach, über den Körper, die Gefühle und den Verstand hinauszugehen; in der Zeit leben so viele geliebte Schatten ... die Erinnerungen an Begierden bleiben bestehen, weigern sich zu sterben, wollen nicht verschwinden.

Und die Sexualität? Das Maithuna? Das Tantra Yoga? Was ist damit? Oh, mein Gott! Die zwei Mal Geborenen wissen sehr gut, dass sie nicht mehr in die feurige Schmiede des Vulcanus zurückkehren dürfen.

Es ist offensichtlich, dass das Maithuna wesentlich, kardinal und entscheidend ist, um das Hochzeitskleid der Seele zu erschaffen, das To Soma Heliakon; aber jeder Eingeweihte weiß, dass dies nur die niedere Arbeit der Einweihung ist.

Für den Menschensohn ist die Sexualität verboten, die Götter wissen es, so steht es geschrieben.

Zuerst müssen wir mit dem dritten Logos in der neunten Sphäre arbeiten, bis wir die zweite Geburt erreichen, über die der Kabir Jesus zu Rabbi Nikodemus sprach.

Dann müssen wir mit dem zweiten Logos arbeiten, danach ist die Sexualität verboten.

Der Fehler vieler Pseudo-Esoteriker und vieler Pseudo-Okkultisten, Mönche und Einsiedler besteht darin, die Sexualität aufzugeben, ohne zuvor die solaren Körper in der Schmiede der Zyklopen erschaffen zu haben.

Diese aufrichtig Irrenden möchten mit dem zweiten Logos arbeiten, ohne zuvor mit dem dritten Logos gearbeitet zu haben, das ist ihr Fehler.

Die endgültige und radikale sexuelle Enthaltung ist nur für die zwei Mal Geborenen, für den Menschensohn verbindlich.

Wer den Tempel der zwei Mal Geborenen betritt, muss das Ich auflösen, die Samen des Ich verbrennen und im Wasser des Lethe baden, das wissen die Götter, die Funken, die Flammen, die strahlenden Drachen der Weisheit.

Niemand könnte tatsächlich jenseits von Sexualität, Gefühl und Verstand gelangen, ohne zuvor im Wasser des Lethe gebadet zu haben.

Nach der zweiten Geburt müssen wir den adamischen Schleier der Sexualität oder Schleier der Isis zerreißen, um in die großen Mysterien einzutreten.

Kinder der Erde! ... hört auf eure Lehrer, die Kinder des Feuers.

Adepten des Lichts! Ruft eure göttliche Mutter Kundalini an und taucht ein in das tiefe Wasser des Lethe.

Die Nymphen

Iris, göttliche erhabene Jungfrau, Götterbotin mit geflügelten Füßen, du beschützt die eingeweihten Frauen, die in der Schmiede des Vulcanus arbeiten.

Warst du es nicht, erhabene Schönheit, die Turno, dem kriegerischen Herrscher der Rutuler, diese himmlische Botschaft von Juno, der Göttin der eingeweihten Frauen, überbrachte?

Und nach den feierlichen Trankopfern rückte der kämpferische Turno drohend, wie ein neuer Achilles, mit seinem Heer gegen das trojanische Lager vor, so steht es geschrieben und dies wissen die Götter und die Menschen. Die Trojaner jedoch, weder träge noch schwach, versammelten sich auf dem Waffenplatz und waren sofort bereit für den Kampf.

Erschreckend, dantesk, furchterregend umkreiste Turno unablässig die trojanischen Mauern; seltsames Schicksal, das in Latium die epischen Schlachten des zerstörten Troja wiederholte.

Obwohl sie Veteranen so vieler Kriege waren, trauten sich die Trojaner diesmal jedoch nicht, dem Feind auf freiem Feld gegenüberzutreten, da Äneas nicht anwesend war.

Was geschah als Nächstes? Die Jahrhunderte alte Legende weiß es ... das Feuer, die Flammen, die brennenden Fackeln knisterten bedrohlich.

Rutulo wollte die Schiffe von Äneas verbrennen; Kybele, die göttliche Mutter Kundalini flehte den kosmischen Christus, Jupiter, den Sohn von Kronos an und der half den Trojanern. Glücklicherweise bestanden die Schiffe aus heiligem Kiefernholz, das auf dem heiligen Berg Ida gefällt worden war, wo der Lieblingswald von Christus (Jupiter) war.

Und ... Überraschung! Wunder! ... Die mysteriösen Schiffe verwandelten sich in Nymphen des unermesslichen Meeres, anstatt in einem unheilvollen Inferno zu brennen.

Wann wird diese Weisheit verstanden? Wer wird diese Wunder verstehen? Ach! Wenn der menschliche Verstand nicht so degeneriert wäre ... ich habe oft liebliche Mädchen gesehen, die wie Bräute gekleidet waren, als ob sie bereit wären, Hochzeit zu feiern.

Ja, oh Gott! Ich habe sie am Fuß jeder Kiefer gesehen. Unschuldige Seelen, nicht wahr? Elementarwesen der Pflanzen.

Ja, das sind in der Tat die Elementargeister der Kiefern; jeder einzelne Weihnachtsbaum hat seine eigene Seele.

Wann werden die Verehrer des Christus wieder ihre Heiligtümer inmitten von Kieferwäldern errichten?

Haben diese Bäume Mächte? Wer würde es wagen, daran zu zweifeln? Konnten die Krieger des Turno, des neuen Achilles, die trojanischen Schiffe in ein brennendes Inferno verwandeln?

Wenn die Menschen ihr Bewusstsein erwecken würden, könnten sie mit den Nymphen des stürmischen Ozeans von Angesicht zu Angesicht sprechen.

Wenn die Menschen ihr Bewusstsein erwecken würden, könnten sie mit den Elementarwesen der Kiefern sprechen.

Aber, welch ein Schmerz! ... Mein Gott! Die armen Leute schlafen tief und fest.

Ach! Wenn diejenigen, die auf dem Gebiet des Okkultismus forschen, den Autor der „Metamorphose der Pflanzen" wirklich verstehen würden; wenn sie Humboldt mit seinem „Kosmos" verstehen würden; wenn sie „Timaios" und „Kritias" von Platon, dem Göttlichen, wirklich intuitiv verstehen würden, dann würden sie sich dem Amphitheater der kosmischen Wissenschaft nähern und in das Geheimnis der Magie der Pflanzen eintauchen.

Wenn diejenigen, die die okkulte Anatomie studieren, die Geheimnisse von Devi Kundalini verstehen würden, wenn sie Kybele und den göttlichen Jupiter wirklich lieben würden; wenn sie in der neunten Sphäre arbeiten würden, dann würden sie in das Paradies der Elementarwesen der Natur aufgenommen werden.

Erinnern wir uns nun an den Chor der Nymphen von Calypso im okkulten Werk „Telemachos" von Fénelon.

Eine esoterische Gruppe, die einst das alte Olises in der vierten Dimension besuchte, hatte das unermessliche Glück, von einer Gruppe Meeresnymphen unterstützt zu werden.

Jene Feen breiteten auf dem Moos eines uralten Felsens eine feine Spitzentischdecke aus, deren schönes Muster man mit dem feinen Schleier vergleichen könnte, der manchmal die Zirruswolken am Himmel bildet, und darauf, auf atlantischem Geschirr, das aus der Ferne betrachtet, wegen seiner Farben an das Geschirr von Talavera erinnerte, das vor einigen Jahren so modern war, servierten sie eine Mahlzeit, die sehr einfach aussah, aber so nahrhaft war, dass sie alle mit Glück und Jugend zu erfüllen schien.

Weizen, Roggen, Traubensirup, Mais, Coca, Kolanuss, Supaari-Brot, das die indischen Adepten ihren Schülern als Zeichen eines Bündnisses geben, Honig, ungegorener Most, tausend Säfte und unbeschreibliche Arten von Melasse bildeten die Speisen.

Köstliche Gerichte, die weder Brillat-Savarin jemals gekostet hat, noch Montiño und Altimira je verstehen würden. Ein duftendes Getränk, das in einem Achatbecher serviert wurde, der an den Kelch des Heiligen Grals erinnerte, versetzte die Gruppe von Brüdern in einen seltsamen, mysteriösen Zustand.

Sie fühlten sich vergnügt, glücklich, voller Kraft und Jugend und fähig, sich ohne Furcht auf das schrecklichste Abenteuer einzulassen. Unnötig zu erwähnen, dass diese Gruppe Atlantis erkundete und alle Geheimnisse des versunkenen Kontinents kennenlernte.

Auch ich habe zwei wundervolle Nymphen kennengelernt, als ich auf einem Segelboot durch die Karibik segelte. Sie kamen uns in den tobenden Wellen entgegen, sie waren von unvergleichlicher Schönheit.

Eine von ihnen, eine zarte Jungfrau, hatte die Farbe von Veilchen, sie schwebte über dem Wasser und lief manchmal mit rhythmischen und unschuldigen Schritten; süße, geschmeidige und einfache Schritte, die nichts Tierisches und viel Göttliches an sich hatten; sie ähnelte sehr einer Inderin mit nackten Füßen.

Der andere hatte die wunderbare Farbe von Korallen; ihr herzförmiger Mund hatte die purpurne Farbe einer Erdbeere, und in dem feinen zarten Gesicht strahlten ihre Augen.

Der Morgen dämmerte über dem Ozean, ich sah sie und sie sprachen in der Sprache des Lichts zu mir; dann näherten sie sich sehr langsam dem Strand und kletterten auf die Felsen der Küste.

Ich habe mich mit diesen beiden wunderbaren Nymphen angefreundet, und wenn ich an ihre Mächte denke und an die verwandelten Schiffe von Äneas, versenke ich mich in Meditation und Gebet.

Die Rune Not

Es ist dringend notwendig und unerlässlich, dass wir in dieser *Weihnachtsbotschaft 1968-1969* die berühmte Rune Not wirklich sehr gründlich studieren.

Lasst uns die Frage des Karma weiter studieren; hört mir zu, liebe Leser: Eines Tages, egal welcher, kehrten Rafael Ruiz Ochoa und meine unbedeutende Person aus der malerischen Stadt Taxco, Guerrero in Mexiko, zurück. Wir fuhren nach Mexiko City in einem klapprigen Fahrzeug, das aufgrund des unerträglichen Gewichts seiner Jahre fürchterlich heulte und viel Lärm und Getöse machte.

Es war seltsam, dieses alte und ramponierte Fahrzeug in voller Fahrt zu sehen, es überhitzte schrecklich, wie etwas Danteskes und nur mein Freund Rafael hatte die Geduld, sich damit herumzuschlagen.

Von Zeit zu Zeit hielten wir im Schatten eines Baumes am Straßenrand an, um Wasser nachzufüllen und es ein wenig abzukühlen zu lassen.

Dies war die Aufgabe meines Freundes Rafael, ich zog es vor, diese Momente zu nutzen, um in tiefe Meditation einzutauchen.

Ich erinnere mich jetzt an etwas sehr Interessantes. Ich saß am Straßenrand außerhalb dieses seltsamen alten Vehikels und sah ein paar unscheinbare Ameisen, die tüchtig und fleißig umherliefen.

Plötzlich beschloss ich, Ordnung in meinem Verstand zu schaffen und mich ausschließlich auf eine von ihnen zu konzentrieren.

Dann begab ich mich in Meditation und erreichte schließlich die Ekstase, das Samadhi, das, was im Zen-Buddhismus Satori genannt wird.

Was ich erlebte, war außergewöhnlich, wunderbar, beeindruckend; ich konnte die enge Beziehung zwischen der Ameise und dem, was Leibniz die Monade nennen würde, nachweisen.

Es ist wichtig, ganzheitlich zu verstehen, dass so eine Leit-Monade sicherlich nicht im Körper der Ameise inkarniert, verkörpert ist; es ist klar, dass sie außerhalb des physischen Körpers der Ameise lebt, aber durch die Silberschnur mit dem physischen Fahrzeug verbunden ist.

Diese *Schnur* ist der Faden des Lebens, das siebenfache Antakarana der Hindus, etwas Magnetisches und Subtiles, das die Kraft besitzt, sich unendlich zu dehnen oder zu verlängern.

Diese Monade der unscheinbaren Ameise, die ich so genau beobachtete, sah wirklich aus wie ein wunderschönes zwölfjähriges Mädchen; sie trug eine schöne weiße Tunika und einen kleinen dunkelblauen Umhang über die Schultern.

Es wurde viel über Margarita Gautier gesprochen, aber dieses Mädchen war erhabener und schöner. Sie hatte beeindruckende Augen, die Gesten einer Prophetin, in ihr war die heilige Schwingung eines Altars; ihr unschuldiges Lachen war wie das der Mona Lisa, mit Lippen, die niemand zu küssen wagen würde, weder auf Erden noch im Himmel.

Und was sagte das Mädchen? Schreckliche Dinge. Sie erzählte mir von ihrem schrecklichen Karma. Wir unterhielten uns ausführlich im Fahrzeug; sie stieg ein, setzte sich und lud mich zu einem Gespräch ein. Ich setzte mich demütig an ihre Seite.

„Wir Ameisen" – sagte sie – *„wurden von den Herren des Karma bestraft und leiden sehr."*

Wir sollten uns an die Legenden über die gigantischen Ameisen Tibets erinnern, die Herodot und Plinius erwähnen (Herodot, „Historiam" Buch XI; Plinius, Naturgeschichte, Buch III).

Oh Gott, es wäre schwierig, sich Luzifer als Biene oder die Titanen als Ameisen vorzustellen, aber es ist klar, dass auch diese Kreaturen gefallen sind und dieser Fall war von der gleichen Natur wie der Fehler, den Adam begangen hatte.

Viele Jahrhunderte, bevor die erste menschliche Rasse auf dem Antlitz der Erde erschien, lebten diese nicht-menschlichen Wesen, die heute Ameisen und Bienen genannt werden, auf dieser Welt.

Diese Kreaturen kannten genau das Gute im Bösen und das Böse im Guten; im Namen der Wahrheit muss ich sagen, dass es alte Seelen waren, die eine hohe Stufe der Evolution erreicht haben, aber niemals sie den

Pfad der Revolution des Bewusstseins betreten haben. Es ist offensichtlich, dass die Evolution niemanden zur inneren Selbstverwirklichung führen kann.

Es ist normal, dass nach jeder Evolution unweigerlich eine Involution folgt; jedem Aufstieg folgt ein Abstieg.

Diese Kreaturen lehnten die Idee eines überlegenen Wissens und eines esoterischen Lebenskreises ab und gründeten ihren Glauben auf ein marxistisch-leninistisches „Geschwafel", wie das der Sowjetunion.

Ihre Art des Verstehens war irrtümlicher und schwerwiegender als die von Adam und das Resultat ist für alle sichtbar.

Das sind die Ameisen und Bienen, involutive Kreaturen, rückschrittlich, regressiv.

Diese Wesen haben ihren eigenen Organismus modifiziert, sie haben ihn schrecklich verändert, sie haben ihn in der Zeit zurückversetzt, bis sie den gegenwärtigen Zustand erreicht haben, in dem sie sich befinden.

Maeterlinck sagt in seinem Buch „Das Leben der Termiten": *„Keine der Zivilisationen, die vor der unsrigen sich gebildet haben, war so merkwürdig, so verwickelt, so klug und folgerichtig aufgebaut, den Schwierigkeiten des Daseins so angepasst wie diese älteste, die wir kennen. Wie grausam, düster und oft abstoßend sie auch sein mag, so steht sie doch in mancher Hinsicht höher als die der Bienen, der Ameisen, ja sogar des Menschen.*

Im Termitenhügel (oder Nest der weißen Ameisen) verwandelt sich der Gott des Kommunismus zum unersättlichen Moloch. Je mehr man ihm gewährt, um so mehr heischt er; und hört erst auf zu fordern, wenn das Individuum vernichtet und sein Unglück unergründlich geworden ist. Die furchtbare Tyrannei, für die es beim Menschen, wo sie stets zum Vorteil einzelner wütet, noch kein Beispiel gibt, hier bringt sie niemandem Nutzen.

Die Zucht erscheint grausamer als die der Karmeliter oder der Trappisten, und die freiwillige Unterwerfung unter Gesetze und Regeln unbekannter Herkunft ist so bedingungslos, dass keine menschliche Vereinigung uns dafür ein Beispiel bieten kann. Eine neue Form des Verhängnisses, und vielleicht die grausamste, das soziale Verhängnis, dem wir alle zuwandeln, ist zu den uns bekannten Formen, an denen wir schon schwer genug zu tragen hatten, hinzugetreten. Keine Ruhe als im Todesschlaf, selbst Krankheit ist nicht gestattet, und jedes Versagen kommt einem Todesurteil gleich. Der Kommunismus wird bis zum Kannibalismus getrieben, ja bis zur Koprophagie.

Das Opfer und Elend vieler zu fordern zum Wohle und Glück von niemandem, und mit keinem anderen Ziel als dem, eine Art gemeinschaftlicher Hoffnungslosigkeit bis zur Neige der Jahrhunderte zu verlängern, zu erneuern und zu vermehren. Es sieht so aus, als hätten uns diese uns zeitlich vorausgehenden Insektengemeinden eine Karikatur, eine vorgreifende Parodie des irdischen Paradieses, auf welches die meisten zivilisierten Völker zusteuern, zeigen wollen.

(Maeterlinck zeigt deutlich, was der Preis eines solchen marxistisch-leninistischen Regimes ist).

Früher hatten sie Flügel, sie haben sie nicht mehr. Sie hatten Augen, sie haben sie aufgegeben. Sie hatten Sex, sie haben ihn geopfert.“

Dem können wir nur hinzufügen, dass die weißen Ameisen (und alle Ameisen im Allgemeinen) bevor sie die Flügel, das Sehvermögen und die Sexualität opferten, ihre Intelligenz opfern mussten.

Wenn am Anfang eine eiserne Diktatur nötig war, um ihren abscheulichen Kommunismus zu etablieren, wurde danach alles automatisch und die Intelligenz verkümmerte allmählich und wurde durch die Mechanizität ersetzt.

Heute staunen wir, wenn wir eine Bienenwabe oder einen Ameisenstock sehen. Wir bedauern nur, dass es dort keine Intelligenz gibt und dass alles mechanisch geworden ist.

Sprechen wir nun über die Vergebung der Sünden. Kann Karma vergeben werden? Wir sagen, dass Karma verzeihlich ist. Wenn ein niederes Gesetz durch ein höheres Gesetz transzendiert wird, hat das Letztere zweifelsohne die außerordentliche Kraft, das Erstere auszulöschen.

Aber es gibt hoffnungslose Fälle, wie die der Ameisen und Bienen; diese Kreaturen waren normale Persönlichkeiten, bevor sie involutionierten, sich deformierten und verkleinerten, bis sie den gegenwärtigen Zustand erreichten.

Ich schuldete Karma aus früheren Leben und mir wurde vergeben; mir wurde eine besondere Begegnung mit meiner göttlichen Mutter Kundalini angekündigt; ich wusste sehr gut, dass ich, wenn ich einen bestimmten esoterischen Grad erreicht hatte, zu ihr gebracht werden würde.

Und natürlich kam der lang ersehnte Tag und ich wurde zu ihr gebracht; ein sehr erhabener Adept führte mich zum Heiligtum.

Und dort, oh Gott, habe ich geweint ... gebetet ... ich habe meine Anbetungswürdige angerufen. Das kosmische Ereignis war unglaublich.

Sie kam zu mir, meine wunderbare Mutter. Unmöglich zu erklären, was ich fühlte, in ihr waren all diese lieben Mütter, die ich in verschiedenen Reinkarnationen gehabt hatte, verkörpert.

Aber sie war weit mehr als das ... meine Mutter, ja, aber vollkommen, unbeschreiblich, schrecklich göttlich.

Der Vater hatte sie mit der ganzen Gnade seiner Weisheit erfüllt; Christus hatte sie mit seiner Liebe gesättigt. Der Heilige Geist hatte ihr schreckliche feurige Mächte verliehen.

Ich verstand, dass in meiner Mutter Weisheit, Liebe und Kraft lebendig zum Ausdruck kamen.

Wir saßen uns gegenüber, sie auf einem Stuhl, ich auf einem anderen, und wir unterhielten uns wunderbar als Mutter und Sohn.

Wie selig, wie glücklich ich mich fühlte! Mit meiner göttlichen Mutter zu reden. Ich musste etwas sagen und ich sprach mit einer Stimme, die mich selbst erstaunte.

„Ich bitte dich, mir all meine Vergehen zu vergeben, die ich in früheren Leben begangen habe, denn du weißt, dass ich heutzutage nicht mehr die gleichen Fehler begehen würde.“

„Ich weiß es, mein Sohn“, antwortete meine Mutter mit einer paradiesischen Stimme voll unendlicher Liebe.

„Nicht für eine Million Dollar würde ich diese Fehler wiederholen“, sagte ich zu meiner göttlichen Mutter Kundalini.

„Was ist das mit den Dollars, mein Sohn? Warum sagst du das? Warum sprichst du so?“

Oh Gott! Ich fühlt Scham, war verwirrt, verlegen, und voller Schmerz antwortete ich: *„Verzeih mir, meine Mutter, das Problem ist, dass in dieser physischen, eitlen und illusorischen Welt, in der ich lebe, so gesprochen wird.“*

„Ich verstehe, mein Sohn ...“, antwortete meine Mutter. Diese Worte der Anbetungswürdigen gaben mir Frieden und Ruhe zurück.

„Nun, meine Mutter, bitte ich dich, mich zu segnen und mir zu vergeben.“ So sprach ich voller Ekstase.

Erschütternd war jener Moment, in dem mich meine Mutter auf den Knien, mit unendlicher Demut und voller Weisheit, Liebe und Kraft, segnete, indem sie sagte:

„Mein Sohn, dir ist vergeben.“

„Erlaube mir, deine Füße zu küssen, meine Mutter“, rief ich aus.

Oh Gott! Als ich ihr einen mystischen Kuss auf ihre heiligen Füße gab, lehrte sie mich ein mystisches Symbol und erinnert mich an die Fußwaschung beim Abendmahl des Herrn.

Ich verstand alles zutiefst. Ich hatte das vielfältige *Ich* bereits in den Mineralregionen, in den Höllenwelten der Natur aufgelöst, aber ich musste die satanischen Samen in der niederen molekularen Welt, im Fegefeuer, verbrennen und dann im Lethe und im Eunoe baden, um die Erinnerungen an das Böse zu löschen und die Tugenden zu stärken, bevor ich im Licht bestätigt werden konnte.

Später befand ich mich in einer sehr schmerzhaften Szene meines vergangenen Lebens, in der ich einen bedauerlichen Fehler gemacht hatte, und als ich in Mexiko City, der Hauptstadt Mexikos, von einem Auto angefahren werden sollte, war es für mich voll und ganz bewiesen, dass ich bereits frei von Karma war.

Ich studierte mein eigenes Buch des Karma in den höheren Welten und fand seine Seiten leer. Ich fand nur den Namen eines Berges, der auf einer Seite geschrieben war. Ich verstand, dass ich später dort leben müsste.

„Ist das irgendein Karma?“, fragte ich die Herren des Gesetzes. *„Es ist kein Karma“* – antwortete man mir – *„du wirst dort für das Wohl des großen Werks leben.“*

Aber es ist klar, dass dies für mich nicht verpflichtend sein wird, mir wird freie Wahl gewährt.

Ich schulde kein Karma mehr, aber ich muss Steuern an die Herren des Gesetzes zahlen. Alles hat einen Preis und das Recht, auf dieser Welt zu leben, muss bezahlt werden. Ich bezahle mit guten Werken.

Ich habe daher meinen geliebten Lesern zwei Fälle vorgelegt, das unbezahlbare Karma, wie das der Ameisen und Bienen und das verzeihliche Karma.

Sprechen wir jetzt nun über Geschäfte. Lasst uns über die Rune Not sprechen. In der Freimaurerei wird dieses Symbol nur den Meistern und niemals den Lehrlingen gelehrt.

Erinnern wir uns an das Zeichen der Hilfe des dritten Grades, d. h., des Meisters. Man kreuzt die Hände über dem Kopf, in der Höhe der Stirn, mit den Handflächen nach außen und spricht gleichzeitig: *„Zu mir, Söhne der Witwe!"* Auf Hebräisch: *Elai b 'ne al' manah.*

Auf diesen Ruf hin müssen alle Freimaurer dem Bruder zu Hilfe kommen und ihm Schutz in allen Angelegenheiten und Umständen des Lebens gewähren.

In der Freimaurerei wird die Rune Not mit dem Kopf praktiziert und sie war und wird immer ein S.O.S. sein, ein Zeichen der Hilfe.

„Not" an sich deutet auf Gefahr hin, aber es ist offensichtlich, dass in der Rune selbst die Macht liegt, sich dieser Gefahr auf intelligente Weise zu entziehen.

Diejenigen, die den Weg auf des Messers Schneide beschreiten, werden unablässig von den Finsteren bekämpft, sie leiden unaussprechlich, aber sie können und sollten sich mit der Rune Not verteidigen.

Mit der Rune Not können wir um Hilfe flehen, wir können Anubis und seine zweiundvierzig Richter des Karma bitten, Verhandlungen zu akzeptieren.

Wir sollten uns nicht über das Karma beschweren, es ist verhandelbar. Wer Kapital aus guten Taten hat, kann ohne Leiden bezahlen.

1. Übung:

Die Übungen mit der Rune Not führen uns zum Pranayama, zur weisen und intelligenten Kombination von solaren und lunaren Atomen.

Atmet die vitale Luft, das Prana, das Leben, tief durch das rechte Nasenloch ein und atmet durch das linke aus, wobei ihr mental bis zwölf zählt und dann atmet durch das linke Nasenloch ein und durch rechte aus und umgekehrt. Praktiziert diese Übung zehn Minuten lang (mit dem Zeigefinger und dem Daumen werden die Nasenlöcher bei dieser Übung jeweils zugehalten).

Dann sollte sich der gnostischen Schüler entspannt auf den Rücken legen (mit dem Gesicht nach oben), sich konzentrieren und versuchen, sich an seine früheren Leben zu erinnern.

2. Übung:

Wenn man die Hilfe von Anubis benötigt, wenn man dringend mit ihm verhandeln muss, sollte man die Arme zur Seite strecken und eine Rune bilden, indem man mit dem einen Arm einen Winkel von 135 Grad und dem anderen einen Winkel von 45 Grad bildet.

Dann wird der Arm, der den Winkel von 45° bildet, zu einem Winkel von 135° und der Arm, der 135° bildet, wird zu 45°.

Während der Übung werden die Mantrams Na, Ne, Ni, No, Nu, gesungen, wobei der Verstand sich auf Anubis, den Herrn des Karma konzentriert, ihn um das gewünschte Geschäft und um dringende Hilfe bittet.

(Betrachtet genau die Form der Rune Not und imitiert mit den Armen dieses Zeichen, wobei der linke und der rechte Arm sich in ihrer Bewegung abwechseln.)

Parsifal

Sprechen wir nun über die Tempelritter, lasst uns ein wenig über diese treuen Hüter des Heiligen Grals sprechen. Mögen die Götter uns hören, mögen die Musen uns inspirieren. Und was können wir über das Schloss Monsalvat erzählen? Lasst uns zusammen die Gralshymne singen:

Hymne des Grals

Zum letzten Liebesmahle
gerüstet Tag für Tag,
gleich ob zum letzten Male
es heut uns letzten mag.
Wer guter Tat sich freut,
ihm wird des Mahl erneut:
der Labung darf er nahn,
die hehrste Gab empfahn.

Den sündigen Welten,
mit tausend Schmerzen,
wie einst sein Blut geflossen,
dem Erlösungshelden
sei nun mit freudigem Herzen
mein Blut vergossen:
der Leib, den er zur Sühn' uns bot,
er leb' in uns durch seinen Tod.

Der Glaube lebt;
die Taube schwebt,
des Heilands holder Bote.
Der für euch fließt,
des Weins genießt
und nehmt vom Lebensbrote!

Seht dort, Menschen und Götter, die Gralsritter und ihre Knappen. Sie alle tragen weiße Gewänder und Roben, ähnlich denen der Templer, aber statt des roten Tau sieht man mit Recht eine fliegende Taube auf ihren Waffen und auf ihre Mäntel gestickt.

Dies ist ein außergewöhnliches Symbol des dritten Logos, ein lebendiges Zeichen des Heiligen Geistes, von Vulcanus, ein Symbol dieser wundervollen sexuellen Kraft, mit der wir so viele Wunder vollbringen können.

Nun ... es lohnt sich, sich wirklich in die Bedeutung von Wagners Drama zu vertiefen. Was stellt Amfortas dar: eine spezifische Art der Reue. Titurel: die Stimme der Vergangenheit; Klingsor: der schwarze Magier; Parsifal: die Erlösung; Kundry: die Verführung; Gurnemanz: die Tradition.

Die wundervollen Trompeten erklingen mit ihrem feierlichen Weckruf und Gurnemanz und seine zwei Knappen knien nieder und beten still das Morgengebet. Zwei starke Ritter kommen aus der Gralsburg mit dem offensichtlichen Ziel, den Weg zu erkunden, dem Amfortas, der König des Heiligen Grals, folgen wird.

Der alte Nachfolger des Königs Titurel kommt früher als gewöhnlich, um in den heiligen Wassern des Sees zu baden, um die starken Schmerzen zu lindern, die ihn plagen, seit er zu seiner Schande von dem bösen schwarzen Zauberer Klingsor durch einen schrecklichen Lanzenstich verwundet wurde.

Traurig ist die Geschichte von Klingsor! Schrecklich! Ein aufrichtig Irrender, wie viele andere.

Er lebte als Büßer an einem schrecklichen Ort, er wollte heilig werden. Er wurde zum erklärten Feind von allem, was mit Sexualität zu tun hatte; er kämpfte furchtbar gegen seine tierischen Leidenschaften. Er trug ein blutiges Cilicium an seinem gegeißelten Körper und weinte viel.

Es war jedoch alles nutzlos, die Lüsternheit, die Laszivität und die geheime Unzüchtigkeit verschlangen ihn lebendig, trotz aller Bemühungen und Opfer.

Dann, oh Gott, machtlos, die sexuellen Leidenschaften auszulöschen, entschloss sich der Unglückliche, sich eigenhändig zu verstümmeln, zu kastrieren.

Danach streckte er flehend seine Hände nach dem Gral aus, wurde aber vom Wächter mit Empörung abgewiesen. Der Unglückliche glaubte, dass er durch den Hass auf den Heiligen Geist, die Ablehnung des dritten Logos, die Zerstörung der Geschlechtsorgane, in die Burg von Monsalvat aufgenommen werden würde.

Der Unglückliche dachte, dass er ohne Maithuna in den Orden des Heiligen Grals aufgenommen werden könne, ohne zuvor die zweite Geburt erreicht zu haben, gekleidet in lunare Lumpen. Dieser arme, elende und unselige Herr ging davon aus, dass man mit dem zweiten Logos (dem Christus) arbeiten könnte, ohne zuvor mit dem dritten Logos (dem Heiligen Geist, der Sexualität) gearbeitet zu haben.

Verbittert entschied der finstere Klingsor schließlich, sich ungerechterweise an den edlen Rittern des Heiligen Grals zu rächen.

Er verwandelte diese Büßer-Einöde in einen verzauberten und verhängnisvollen Garten voll wollüstiger Vergnügungen und füllte ihn mit auserlesenen, teuflischen, gefährlich schönen Frauen. Dort in diesem wunderbaren Anwesen, begleitet von seinen Schönheiten, wartete er heimlich auf die Gralsritter, um sie in einen Zustand der Konkupiszenz zu treiben, der die Menschen unweigerlich in die höllischen Welten bringt.

Wer sich von den provokativen Teufelinnen verführen ließ, wurde sein Opfer; es gelang ihm, viele Ritter ins Verhängnis zu stürzen.

Amfortas, der König des Grals, kämpfte gegen den bösen Klingsor, er wollte der Plage der verhängnisvollen Verzauberung ein Ende setzen, aber er erlag der Leidenschaft in den unzüchtigen Armen der lüsternen Kundry.

Das war ein großartiger Moment für Klingsor, er wäre dumm gewesen, diese Gelegenheit zu verpassen; kühn riss er den heiligen Speer aus Amfortas Händen und entfernte sich triumphierend und lachend.

So verlor Amfortas der Gralskönig jenen gesegneten Speer, mit dem Longinos die Seite des Herrn in Golgatha verwundete.

Amfortas, der auch an der Seite verletzt wurde, durch die schreckliche Wunde der Reue, leidet unaussprechlich.

Kundry, eine reizvolle Frau von außergewöhnlicher Schönheit, leidet ebenfalls unter der Reue, dient aber demütig den Brüdern des Heiligen Grals.

Eigentlich bist du, verhängnisvolle Frau, nur ein Instrument der Arglist im Dienste des Zauberers der Finsternis; du willst den Pfad des Lichts beschreiten, aber du scheiterst, hypnotisiert von dem Finsteren.

Amfortas, der in tiefe innige Meditation versunken ist, lauscht im Zustand der Ekstase den mysteriösen Worten, die aus dem Gral kommen: *„Der Weise, durch Mitleid wissend, der unschuldige Keusche, warte auf ihn. Er ist der Auserwählte."*

Dann geschieht etwas Außergewöhnliches, etwas Ungewöhnliches; großer Aufruhr erhebt sich unter den Leuten des Grals; sie haben in der Nähe des Sees einen unwissenden Jungen überrascht, der, als er am Ufer entlang wanderte, einen Schwan tödlich verwundete, einen heiligen Vogel von makellosem Weiß.

Aber, warum so viel Aufruhr? Für Parsifal entspricht das einer Vergangenheit, die zum Glück schon in den kostbaren Wassern des Lethe gereinigt wurde.

Wer hat den heiligen Schwan nicht tödlich verwundet? Den dritten Logos? Wer hat den wundertätigen Hamsa nicht getötet, den Heiligen Geist? Wer hat nicht durch Unzucht den Phönix des Paradieses getötet? Wer hat nicht gegen den unsterblichen Ibis gesündigt? Wer hat nicht die heilige Taube bluten lassen, das lebendige Symbol der sexuellen Kraft?

Parsifal hat natürlich völlige Unschuld erreicht, nachdem er so viel gelitten hat; Herzeleides Sohn (eine arme Frau des Waldes), der weltliche Dinge ignoriert, wird von seiner Unschuld beschützt.

Die Blumenmädchen von Klingsor waren erfolglos, die Unglücklichen konnten den Unschuldigen nicht verführen und fliehen besiegt.

Die verführerischen Bemühungen von Herodias, Gundryggia, Kundry waren nutzlos, all ihre Künste scheiterten und als sie sich besiegt sehen, flehen sie, bitten sie Klingsor um Hilfe und dieser wirft verzweifelt den heiligen Speer nach dem Jungen.

Parsifal wird jedoch von der Unschuld beschützt und der Speer schwebt einen Moment lang über seinem Kopf, anstatt seinen Körper zu durchbohren; der Junge fängt ihn mit der rechten Hand und macht dann mit dieser scharfen Waffe ein Segenszeichen, er macht das Zeichen des Kreuzes und die Burg von Klingsor verwandelt sich in kosmischen Staub und versinkt im Abgrund.

Dann kommt das Beste, Parsifal betritt, begleitet von seinem Guru Gurnemanz, den Tempel von Monserrat, Spanien, Katalonien.

Die Türen des Tempels öffnen sich nun und in feierlicher Prozession betreten alle Ritter des Heiligen Grals die heilige Stätte. Sie stellen sich geordnet und mit unendlicher Verehrung vor zwei lange, parallele, mit Tüchern bedeckte Tische, zwischen denen sich in der Mitte ein Freiraum befindet.

Himmlische Momente, in denen das mystische Abendmahl gefeiert wird, das kosmische Fest des Passahlamms.

Außergewöhnliche Momente, in denen das Brot gegessen und der Wein der Transsubstantiation getrunken wird.

Während des Rituals erstrahlt in herrlichem Glanz der gesegnete Kelch, in dem Joseph von Arimathea das Blut sammelte, das aus den Wunden des Herrn auf dem Berg Golgatha (dem Berg der Bitternis) floss.

Unbeschreiblich sind jene Momente des Pleroma, in denen Parsifal auf wundersame Weise die Wunde von Amfortas heilt, indem er denselben gesegneten Speer anwendet, der ihn verwundet hat.

Dieser Speer ist ein beeindruckendes Symbol, er ist zu hundert Prozent phallisch, er ist vollkommen sexuell.

Amfortas fiel wegen der Sexualität, er litt furchtbar unter dem Schmerz der Reue, aber dank der sexuellen Mysterien regenerierte er sich und heilte vollständig.

Der große Kabir Jesus sagte: *„Wer mir nachfolgen will, verleugne sich, nehme sein Kreuz auf sich und folge mir.“* (Matthäus 16:24)

Die Ritter des Heiligen Grals verneinten sich selbst, sie lösten das vielfältige Ich auf, indem sie die satanischen Samen verbrannten und in den Wassern von Lethe und Eunoe badeten.

Die Ritter des Heiligen Grals arbeiteten in der feurigen Schmiede des Vulcanus; sie ignorierten nie, dass das Kreuz durch das Einfügen des vertikalen Phallus in die Form der Cteis entsteht.

Die Ritter des Heiligen Grals haben sich für die Menschheit geopfert und mit Liebe am großen Werk des Vaters gearbeitet.

Das heilige Feuer

Die sexuelle Energie polarisiert sich in zwei Arten: statisch oder schlummernd (Kundalini) und dynamisch; dies sind zweifellos Kräfte, die innerhalb des Organismus wirken, wie jede spirituell gebildete Person weiß.

Es ist offensichtlich, dass es in der Wirbelsäule sieben sehr spezielle magnetische Zentren gibt, in denen sich latent unendliche feurige Mächte befinden. Mit dem Aufstieg des heiligen Feuers entlang des Rückenmarkkanals wird diese Vielzahl von göttlichen Mächten aktiv.

Der grundlegende Schlüssel, um das heilige Feuer, Kundalini, zu erwecken, befindet sich im Tantra Yoga, im Maithuna: Die sexuelle Verbindung von Lingam-Yoni, Phallus-Uterus, aber ohne Ejakulation des ens seminis (Wesenheit des Samens), denn in dieser halbfesten, halbflüssigen Substanz befindet sich das gesamte ens-virtutis des Feuers.

Das gezügelte Verlangen lässt die sexuelle Energie nach innen und oben zum Gehirn aufsteigen.

Wenn die solaren und lunaren Atome des Samen-Systems im Steißbein, in der Nähe des Triveni, der Basis der Wirbelsäule, in Kontakt kommen, erwacht das heilige Feuer und steigt entlang des Rückenmarkkanals zum Gehirn auf.

Es ist dringend notwendig zu verstehen, es ist wichtig zu wissen, dass, wenn die Wesenheit des Samens verschüttet wird, das aufsteigende Feuer einen oder mehrere Wirbel absteigt, entsprechend der Schwere des Fehlers.

Kundalini, das göttliche Feuer, steigt langsam im Einklang mit den Verdiensten des Herzens auf.

Wer auf dem Pfad auf des Messers Schneide wandelt, weiß sehr gut aus direkter Erfahrung, dass die göttliche Mutter Kundalini, das heilige

Feuer, Shiva, den Heiligen Geist, zum Hirnzentrum und schließlich zum Herzenstempel führt. Kein authentischer Esoteriker würde es wagen, zu leugnen, dass hinter jeder Aktivität immer ein statischer Zustand steht.

Das grundlegende statische Zentrum im menschlichen Organismus befindet sich zweifellos im Steißbein (Basis der Wirbelsäule).

Das Wurzelchakra ist die Kirche von Ephesus des esoterischen Christentums; die stützende Wurzel des Körpers und aller Bewegungen der vitalen Kräfte im Inneren unseres Körpers.

Wir wissen aus direkter Erfahrung, dass sich in diesem speziellen Zentrum des Körpers die dreieinhalb Mal eingerollte feurige Schlange unserer magischen Mächte befindet; dieses ringförmige Schlangenfeuer, das sich wunderbar im Körper des Asketen entwickelt.

Eine sorgfältige Analyse des magnetischen Zentrums im Steißbein lässt uns verstehen, dass dies an sich schon Bewusstsein ist; es besteht kein Zweifel, dass es ganz besondere Eigenschaften besitzt.

Kundalini, die Macht, die im oben genannten Zentrum des Steißbeins zu finden ist, ist effizient und entscheidend für das Erwachen des Bewusstseins. Es ist offensichtlich, dass das heilige Feuer die feurigen Flügel des Merkurstabs in der Wirbelsäule des Eingeweihten öffnen kann; dann können wir bewusst jede Ebene des Königreichs betreten.

Die indischen Adepten unterscheiden zwischen dem höchsten kosmischen Bewusstsein und seiner aktiven energetischen Macht, die in die tiefsten Ebenen unseres Unterbewusstseins eindringen kann, um uns tatsächlich zu erwecken.

Die orientalischen Weise sagen, dass das kosmische Bewusstsein, wenn es sich als Energie manifestiert, zwei Phasen hat: die potenzielle und die kinetische.

Kundalini, das sexuelle Feuer, ist zweifellos eine vedische und jehovistische Wahrheit, die den gesamten universellen Prozess genau darstellt, als weise Polarisierung im Bewusstsein selbst.

Es ist eine innere, vitale, unverzichtbare Notwendigkeit, das heilige Feuer, die feurige Schlange unserer magischen Kräfte zu nutzen, um das Bewusstsein zu erwecken.

Das Bewusstsein des menschlichen Wesens, oder besser gesagt, des armen intellektuellen Tiers, fälschlicherweise Mensch genannt, ist vollkommen eingeschlafen, deshalb ist es unfähig, das zu erfahren, was nicht der Zeit angehört, was die Realität ist.

Das heilige Feuer besitzt ganz besondere und wirksame Tugenden, um den armen menschlichen Zweibeiner aus dem unbewussten Zustand, in dem er sich befindet, herauszuholen.

Wer das heilige Feuer mit all seinen sieben Graden der Macht entwickelt, erwirbt selbstverständlich bestimmte Fähigkeiten, mit denen er die Kreaturen von Feuer, Luft, Wasser und Erde befehligen kann.

Es ist jedoch dringend notwendig zu verstehen, dass das von Vulcanus geschmiedete Schwert im spermatischen Wasser der Lagune Styx durch Glühen gehärtet werden muss.

Unglückselig ist, wer den Kelch des Hermes verschüttet, es wäre besser für ihn, wenn er nicht geboren worden wäre oder ihm ein Mühlstein um den Hals gehängt und er in der Tiefe des Meeres versenkt würde.

Äneas, der berühmte trojanische Mann blickt mit erhobenem Flammenschwert zur Sonne, betet und spricht Worte, die nur von denen verstanden werden können, die mit der Lehre des Feuers arbeiten: er ruft den kosmischen Christus und das gesegnete Land, das er beschwört, den Vater, der ihm Geheimen ist, und Juno Saturnia Kundalini, die ewige Gattin des dritten Logos, als Zeugen an.

Er ruft Mars an, den Herrn des Krieges, und alle Elementarwesen der Brunnen und Flüsse, die Kinder des Feuers, die Gottheiten des Meeres und verspricht sogar getreu, dass er sich in die Stadt von Evandro zurückziehen würde, wenn ihn das Glück im persönlichen Kampf gegen seinen Feind Turnus benachteiligen sollte, aber dass, wenn der Sieg mit Unterstützung von Mars sein wäre, er die Italiener nicht versklaven und alles tun würde, um mit ihnen als Freunde zu leben, und das ist alles.

Der Eid des guten italischen Königs ist für alle, die mit der Lehre des Feuers arbeiten, von großer Bedeutung. Er blickte zur Sonne auf, rief als Zeugen die heiligen Feuer, die zwischen uns und den Gottheiten brennen, an und sagte: „Wie auch immer die Umstände sein mögen, der Tag, an dem die Italiker diesen Frieden und das Bündnis brechen, wird niemals kommen.“

Der italische König rief bei all seinen Eiden die gleichen Gottheiten als Zeugen an: Die Erde, das Meer, die Gestirne, die zwei Kinder von

Latona, das unmanifestierte Prakriti (Diana und Apollo) und Janus mit seinem IAO, jenen drei Vokalen, die man in der sexuellen Trance der Maithuna singt.

Dieser große italische König vergaß in seinem Gebet nicht die schreckliche Wohnstätte von Pluto und den Göttern des Inferno, jene göttlichen Wesen, jene heiligen Individuen, die auf das Glück des Nirvana verzichteten, um in den Höllenwelten zu leben und für die unwiderruflich Verlorenen zu kämpfen.

All diese Gebete, all dieses Flehen und diese Eide der antiken klassischen Welt wären ohne die heilige Wissenschaft des Feuers unverständlich.

Die Ankunft des Feuers in uns selbst ist das außergewöhnlichste kosmische Ereignis. Das Feuer verwandelt uns vollkommen.

Mir kommen in diesem Moment die vier Buchstaben am Kreuz des Erlösers der Welt in den Sinn, INRI: *ignis natura renovatur integram*. Das Feuer erneuert unaufhörlich die gesamte Natur.

Damals in der tiefen Nacht der Jahrhunderte, im alten Ägypten der Pharaonen, praktizierte der große Kabir Jesus das Maithuna mit der Vestalin einer Pyramide und sang die Mantrams INRI, ENRE, ONRO, UNRU, ANRA, indem er jeden Buchstaben lang gezogen und innig erklingend ließ.

Es ist offensichtlich, dass jedes dieser Mantrams in zwei esoterische Silben unterteilt gesungen wird.

Wir müssen von der Schlange verschlungen werden, es ist dringend notwendig, uns in lebendige Flammen zu verwandeln, es ist unverzichtbar, die zweite Geburt zu erreichen, um das Königreich zu betreten.

Die Rune Laf

Ich war noch sehr jung und sie hieß Urania, es war eine dieser vielen Nächte, in der ich den physischen Körper für eine Weile verließ.

Wie glücklich fühlte ich mich außerhalb des dichten Körpers! Es gibt kein größeres Vergnügen, als sich als losgelöste Seele zu fühlen; Vergangenheit und Zukunft verwandeln sich ein ewiges Jetzt.

In die parallelen Universen einzutreten ist relativ einfach, wenn das Bewusstsein erwacht ist. Im Paralleluniversum der fünften Dimension verspürte ich das innere Bedürfnis, einen Meister anzurufen, und mit lauter Stimme rief, flehte und bat ich.

Für einen Moment schien es, als ob das gesamte Universum sich verändern würde, so stark ist die Macht des Wortes.

Die Silberschnur hat die Macht, sich unendlich zu verlängern, so dass die Seelen frei durch den sternenbesäten Raum reisen können.

Und ich reiste lange und gelangte zum Tempel. Als ich voller Ekstase den mysteriösen Pfad entlangging, der die Eingeweihten zu den Toren des Allerheiligsten führt, wurde ich unerwartet von einer großen Bestie angegriffen, von einem schrecklichen mithraischen Stier.

Ohne mich als mutig dazustellen zu wollen, sage ich dir, lieber Leser, dass ich keine Angst fühlte; entschlossen stellte ich mich dem Tier und beherzt packte ich es an den Hörnern und warf es zu Boden.

In diesen Augenblicken geschah jedoch etwas Ungewöhnliches; zu meinem Erstaunen fiel eine Eisenkette herunter und das schreckliche Tier verschwand wie durch Zauber.

In diesem Moment verstand ich das alles intuitiv; es war klar, ich musste mich befreien, die versklavenden Ketten zerreißen, das tierische Ego eliminieren.

Dann setzte ich meinen Weg fort und trat durch die Türen des Tempels. Ich fühlte mich berauscht von einer himmlischen spirituellen Sinnlichkeit; ich würde diese Momente mit Sicherheit nicht für alles Gold der Welt eintauschen.

Was als Nächstes geschah, wissen die Götter sehr wohl und jetzt erzähle ich es den Menschen. Ich habe das Gefährt der Ewigkeit gesehen; es wurde von drei Meistern der weißen Loge gelenkt; in diesem Gefährt der Mysterien befand sich ein ehrwürdiger alter Mann.

Wie könnte man dieses Gesicht vergessen? Solch eine Haltung? Solch eine Erscheinung? Solch eine erhabene Vollkommenheit?

Die Stirn des Alten war hoch und majestätisch; seine Nase gerade und perfekt; seine Lippen fein und sanft; seine Ohren klein und anliegend; sein Bart weiß und von einem Lichtschein umgeben; sein Haar war makellos weiß und fiel sanft auf seine Schultern.

Selbstverständlich konnte ich es nicht lassen, nach ihm zu fragen, die Situation war schrecklich göttlich, überwältigend.

„Das ist Petrus", antwortete mir einer der Hierophanten, der das Gefährt der Ewigkeit lenkte.

Dann ... oh mein Gott, warf ich mich vor diesem Alten der Jahrhunderte zu Boden und er segnete mich in der heiligen Sprache, erfüllt von unendlicher Liebe und Mitgefühl.

Seitdem habe ich viel reflektiert und ich werde es nie bereuen, die Menschheit das Evangelium von Petrus, das Maithuna, das Tantra-Yoga gelehrt zu haben.

Und Patar, Petrus sagte: *„Seht her, ich lege in Zion einen auserwählten kostbaren Stein, einen Eckstein. Für euch, die ihr glaubt, ist er kostbar; aber für diejenigen, die nicht glauben, ist der Stein, den die Erbauer verworfen haben, zum Eckstein geworden. Und ein Stein des Anstoßes und ein Fels des Deliktes."*

Aber was ist dann der Heilige Gral? Ist er nicht der Stein der Einweihung?

Der Gral ist ein kostbarer Stein, der von den Engeln auf die Erde gebracht und einer Einweihungs-Bruderschaft anvertraut wurde, die die Hüter des Grals genannt wurde.

Hier haben wir also den Stein Jakobs, den heiligen Stein, den schottischen Lia Fáil, den kubischen Stein von Jesod, der von den hebräischen Kabbalisten im Geschlecht angesiedelt wurde.

Der ursprüngliche Text von Wolfram von Eschenbach in Bezug auf den heiligen Stein und die weiße Bruderschaft, die ihn weise verwahrt, lautet wie folgt:

„Diese Helden leben von einem Stein. Kennt ihr nicht seine erhabene und reine Essenz? Er heißt lapis-electrix (Magnes); durch ihn, kann jedes Wunder (Magie) vollbracht werden. Wie der Phönix, der sich in die Flammen stürzt, wird er aus seiner eigenen Asche wiedergeboren, denn in den Flammen verjüngt er sein Gefieder und strahlt schöner als zuvor. Seine Macht ist so, dass jeder Mensch, egal wie unglücklich er in seinem Zustand war, anstatt wie andere zu sterben, sein Alter nicht mehr kennt, weder durch seine Farbe noch durch sein Gesicht; und ob Mann oder Frau, sie werden die unbeschreibliche Glückseligkeit genießen, den Stein mehr als zweihundert Jahre lang zu betrachten."

Der Stein der Einweihung verwandelt sich esoterisch in den Becher des Hermes, in den Heiligen Kelch.

Peter, Patar, Petrus, die Einweihungs-Offenbarung befindet sich in der Sexualität und alles, was nicht durch diesen Weg geht, bedeutet Zeitverschwendung. Es ist von größter Bedeutung, dass wir sowohl im Norden als auch in Amerika das Laftar, die Rune Laf, was Retter bedeutet, in Steine eingraviert finden.

Es ist offensichtlich, dass wir die Kirche für den inneren Christus auf dem lebendigen Stein errichten müssen. Wehe denen, die ihren inneren Tempel auf dem Treibsand all der Theorien bauen; es wird regnen, Flüsse werden fließen und ihr Haus wird in den Abgrund fallen, wo nur Weinen und Zähneknirschen herrschen.

Wenn wir zwei Runen Laf an ihren Armen zusammenfügen, haben wir den Buchstaben M von Matrimonio (auf Deutsch: Ehe).

Es ist offenkundig und sehr wahr, dass man nur, wenn man den Weg der perfekten Ehe beschreitet, das Hochzeitskleid der Seele erreichen kann, die vollkommene Synthese der solaren Körper.

„Wehe den Unglücklichen, die ohne Hochzeitskleid beim Bankett des Herrn erscheinen. Geschrieben ist der Befehl des Königs: Bindet ihm

Hände und Füße und werft ihn hinaus in die äußerste Finsternis! Dort wird Heulen und Zähneknirschen sein. Denn viele sind gerufen, wenige aber auserwählt."

Übung:

Die Übung, die dieser Rune entspricht, besteht darin, sich morgens in Richtung Sonne zu stellen, in dem Moment, in dem sie im Osten aufgeht; und in dieser mystischen Haltung mit erhobenen Armen, wie die Rune es darstellt, fleht man sie (die Sonne, der Christus) um esoterische Hilfe an. Diese Übung sollte am 27. eines jeden Monats im Morgengrauen durchgeführt werden.

Die endgültige Befreiung

Im Namen der Wahrheit müssen wir die Notwendigkeit des Verzichts bestätigen. Wir müssen durch den großen Tod gehen, und dies ist nur möglich, indem wir uns vollständig vom Verstand befreien.

Wenn die Natur vollständig beherrscht wird, sind Allmacht und Allwissenheit die logische Folge.

Wenn der selbstverwirklichte Gnostiker auch noch auf die Ideen der Allmacht und der Allwissenheit verzichtet, kommt es zur Zerstörung des wahren Keims des Bösen, der uns nach jedem Pralaya (kosmische Nacht) wieder zum Mahamvantara (kosmischer Tag) zurückbringt.

Es ist offensichtlich, dass jeder, der die innere Selbstverwirklichung erreicht hat, das Recht hat, im Nirvana zu leben, aber wenn er auf dieses Glück verzichtet, wird er den direkten Weg beschreiten, der uns zum Absoluten führt.

Es ist jedoch klar, dass es viele Seitenwege und versuchende Götter gibt, die viel gefährlicher sind als die Menschen.

Sie versuchen uns nicht aus Bosheit, aus Eifersucht oder aus Angst, ihren Platz zu verlieren, wie manche Autoren aus dem Osten irrtümlich annehmen, sondern aus Mitgefühl.

In diesem Moment, in dem ich dieses Kapitel schreibe, fällt mir etwas sehr Interessantes ein:

An einem Tag, nach dem ich wieder auf das Nirvana verzichtet hatte, war ich glücklich in meinem siebten Prinzip (Atman) auf dem schönen Dach eines unbeschreiblichen Anwesens.

Es ist klar, dass ich im Nirvana war, in der Ebene der Dharmasatyas, der Welt der Götter. Plötzlich näherten sich mir viele gesegnete Nirvanis, die im heiligen Raum schwebten. Er war bewundernswert, diese unbeschreiblichen Wesen in ihren Dharmasatyas-Gewändern zu sehen.

Als ich sie sah, konnte ich durch direkte Erfahrung bestätigen, dass diese Wesen lebende Flammen mit drei Dochten waren und dass sie unsterblich sind.

Schließlich ergriff einer der Unbeschreiblichen das Wort und sagte zu mir:

„Warum, mein Bruder, hast du dich für diesen engen, bitteren und harten Weg entschieden? Bleib hier bei uns im Nirvana; wir sind alle sehr glücklich.“

„Die Menschen konnten mich nicht in Versuchung bringen, noch weniger könnt ihr es, ihr Götter; ich gehe zum Absoluten“, das war meine Antwort. Dann verließ ich diesen schönen Ort mit festem und entschlossenem Schritt.

Gnostiker, die nicht die absolute Vollkommenheit erreichen, sterben und werden Götter: sie machen den Fehler, den großen direkten Weg zu verlassen, sie beschreiten Nebenstraßen und erwerben viele Mächte, aber irgendwann müssen sie wiedergeboren werden, um auf den direkten Weg zurückzukehren, der sie zum Absoluten führen wird.

Um eine absolute Stille des Verstandes zu erreichen, ist es wichtig zu verhindern, dass mentale Inhalte irgendwelche Formen annehmen.

Die direkte Erkenntnis verleiht uns wunderbare Eigenschaften, aber wer auf dem direkten Weg marschiert, sollte nicht an solchen Fähigkeiten hängen bleiben.

Das Erlangen von psychischen Mächten führt niemals zu einer Befreiung. Es ist nichts weiter als eine Suche nach eitlen Genüssen.

Der Besitz von okkulten Mächten verstärkt nur die Weltlichkeit in uns und macht letztendlich die Existenz noch bitterer.

Zahlreiche Seelen scheitern, obwohl sie die vollständige Befreiung fast erreicht haben, weil sie nicht absolut auf alle okkulten Mächte verzichten können. Diese Wesen versinken für eine Zeit in der Natur, um als Gebieter, Herren, Herrscher wieder aufzutauchen.

Es gibt Tausende von Göttern dieser Art, sie sind göttlich, erhaben, aber sie haben nicht das Recht, das Absolute zu betreten.

Es gibt viele Selbstverwirklichte, die in der Natur versunken sind, dies sind sicherlich Brüder, die an diesem Teil der Vollkommenheit hängen geblieben sind und für einige Zeit daran gehindert wurden, das Ziel zu erreichen, sie regieren diesen oder jenen Teil des Universums.

Die heiligen Götter entsprechen bestimmten höheren Funktionen der Natur, die von verschiedenen Seelen übernommen werden, aber in Wahrheit haben sie die endgültige Befreiung noch nicht erreicht.

Nur wenn man die Idee aufgibt, ein Gott zu werden und Kalpas (Zyklen) zu regieren, kann man die absolute radikale Befreiung erreichen.

Der Erfolg ist greifbar für den, der extrem entschlossen ist. Wir müssen mit uns selbst rücksichtslos sein.

Es ist dringend notwendig, zu verzichten und von Moment zu Moment zu sterben. Nur durch viele Entsagungen und innere Tode können wir in das Absolute eintreten.

Ich spreche zu den Menschen aufgrund meiner direkten Erfahrung. Ich bin ein Avatar von Ishvara.

Ishvara (der höchste Meister) ist ein sehr besonderer Purusha, frei von Leiden, frei von Handlungen, ihren Ergebnissen und Begierden.

Stellt euch den universellen Geist des Lebens als Ozean ohne Strände vor; ohne Ufer; denkt einen Moment an eine Welle, die entsteht und sich wieder im flüssigen Element verliert. Eine solche diamantene Welle wäre dann Ishvara.

Brahman, der Ozean des Geistes, manifestiert sich als Ishvara, der Meister der Meister, der Herrscher des Universums.

In ihm wird diese Allwissenheit unendlich, die in anderen nur als Keim existiert.

Er ist der Meister, auch für die alten Meister, der niemals von der Zeit begrenzt ist; das Wort, das ihn manifestiert, ist Aum.

Und Ishvara kam zu mir, *„schreibe Bücher“*, sagte er, *„Botschaften, Broschüren und **Tijitlis**.“*

„Herr!“, rief ich, *„und was bedeutet dieses Wort **Tijitlis**?“*

„Bilde die Heilsarmee der Welt, die gnostische Bewegung, die lateinamerikanische Christlich-Sozialistische Partei, usw.“ So sprach der Herr und ich habe verstanden.

Ishvara ist der wahre Prototyp der Vollkommenheit, er ist weit jenseits von Körper, Verstand und Begierden.

Aber geliebte Gnostiker, wahrlich sage ich euch, dass ihr zuerst die zweite Geburt erreichen, in euch selbst sterben und den letzten Tropfen Blut für die leidende Menschheit geben müsst.

Nur auf diese Weise könnt ihr den Pfad von Johannes beschreiten, den direkten Pfad, der euch zum Absoluten führt, jenseits der Menschen und Götter.

Begeht nicht den Fehler, zu erwarten, dass das Gesetz der Evolution euch zur endgültigen Befreiung führt.

Dieser direkte Weg ist nur durch unaufhörliche innere Revolutionen möglich.

Jetzt seid ihr nur *Imitatus*, ihr müsst zum *Adeptus* werden, bevor ihr beginnen könnt, die drei Dreiecke zu erklimmen.

Die Engel, Erzengel und Fürstentümer bilden das erste Dreieck.

Mächte, Tugenden und Herrschaften verkörpern das zweite Dreieck.

Throne, Cherubim und Seraphim verkörpern das dritte Dreieck.

Weit jenseits der drei erhabenen Dreiecke ist das, was keinen Namen hat. Das, was nicht der Zeit angehört, das Absolute.

Der Schlaf des Bewusstseins

Geliebte gnostische Schüler: Mit viel Mühe und großer Liebe haben wir das vorletzte Kapitel dieser *Weihnachtsbotschaft 1968-1969* erreicht, und es ist zum Wohle der Großen Sache, bestimmtes Gestrüpp zu beseitigen, das den Weg blockiert.

In all dem gibt es etwas sehr Schwerwiegendes: Ich beziehe mich ausdrücklich auf den Schlaf des Bewusstseins. Die vier Evangelien bestehen auf der Notwendigkeit, zu erwachen, aber leider gehen die Menschen davon aus, dass sie erwacht sind.

Erschwerend kommt hinzu, dass es eine bestimmte Klasse „hellsichtiger" Individuen gibt, die nicht nur schlafen, sondern auch träumen, dass sie wach sind. Diese Art von Menschen nennt sich *Seher* und sie sind gefährlich, weil sie ihre Träume, Halluzinationen und ihren Irrsinn auf andere projizieren; es sind genau diejenigen, die anderen die Schuld an Verbrechen geben, die sie nicht begangen haben und auf diese Weise Familien zerstören.

Es ist offensichtlich, dass wir nicht gegen die legitimen Hellseher sprechen, sondern uns nur auf die Halluzinierenden, aufrichtig Irrenden beziehen, die träumen, wach zu sein.

Mit tiefer Trauer konnten wir beweisen, dass das esoterische Versagen tatsächlich auf das schlafende Bewusstsein zurückzuführen ist.

Viele aufrichtige hingebungsvolle Gnostiker und Liebhaber der Wahrheit scheitern tatsächlich an diesem bedauerlichen Zustand des eingeschlafenen Bewusstseins.

In alten Zeiten wurde das große Arkanum, das Maithuna, das Tantra Yoga, nur den Neophyten gelehrt, die ein erwachtes Bewusstsein hatten; die Hierophanten wussten sehr gut, dass schlafende Schüler früher oder später die Arbeit in der neunten Sphäre aufgeben würden.

Und das Schlimmste ist, dass diese Gescheiterten sich selbst betrügen und das Beste von sich selbst denken. Fast immer fallen sie wie Huren in die Arme einer neuen Schule, die ihnen eine Art Trost bietet, und geben dann Sätze wie den folgenden von sich: *„Ich folge den gnostischen Lehren nicht mehr, weil sie einen Ehepartner verlangen, und dies ist eine persönliche Entscheidung; die Befreiung, die Arbeit ist etwas, das man allein suchen muss."*

Natürlich zielen all diese Worte des Selbsttröstens und des Selbstmitleids nur darauf ab, sich selbst zu rechtfertigen.

Wenn diese armen Leute ein erwachtes Bewusstsein hätten, würden sie ihren Fehler einsehen, sie würden verstehen, dass sie sich nicht selbst erschaffen haben, dass sie einen Vater und eine Mutter haben, dass es einen Koitus gab, der ihnen das Leben schenkte.

Wenn diese armen Leute ein erwachtes Bewusstsein hätten, könnten sie sich selbst davon überzeugen, dass es oben wie unten ist und umgekehrt; sie würden ihre raue Wirklichkeit direkt erleben, sie würden den bedauerlichen Zustand, in dem sie sich befinden, voll und ganz erkennen; sie würden die Notwendigkeit des Maithuna verstehen, um die solaren Körper, das Hochzeitskleid der Seele herzustellen und auf diese Weise die zweite Geburt zu erreichen, von der der große Kabir Jesus zu Rabbi Nikodemus sprach.

Aber diese „Verkörperungen der Weisheit" schlafen und sind nicht fähig, selbst zu überprüfen, dass sie mit protoplasmatischen Körpern, mit lunaren Lumpen bekleidet sind, dass sie elend und kümmerlich sind.

Die Träumenden, die Schlafenden, die glauben, erwacht zu sein, schaden nicht nur sich selbst, sondern richten auch schweren Schaden an ihren Mitmenschen an.

Ich glaube, dass der aufrichtig Irrende, der Schlafende, der träumt, wach zu sein, der Mythomane, der glaubt super-transzendiert zu sein, der Halluzinierende, der sich für erleuchtet hält, der Menschheit tatsächlich mehr Schaden zufügen kann und wird, als derjenige, der in seinem Leben nie unsere Studien kennengelernt hat.

Wir sprechen hier eine sehr harte Sprache; aber ihr könnt sicher sein, liebe Leser, dass viele Schlafende, Halluzinierende, wenn sie diese Zeilen lesen, anstatt einen Moment innezuhalten, um zu reflektieren, zu korrigieren und richtigzustellen, nur einen Weg suchen werden, meine Worte mit der Absicht zu verwenden, ihre Torheiten zu belegen.

Zum Unglück dieses armseligen menschlichen Ameisenhaufens haben die armen Leute eine miserable Sekretärin, die die gnostischen Lehren falsch interpretiert; ich beziehe mich auf das vielfältige Ich, auf das *mich selbst*.

Das Komischste an Mephistopheles ist, wie er sich als Heiliger verkleidet; es ist klar, dass das Ego erfreut ist, wenn es auf einen Altar gestellt und verehrt wird.

Es macht traurig, wenn man gründlich versteht, dass das Bewusstsein während es weiterhin im vielfältigen *Ich* eingeschlossen ist, nicht nur schläft, sondern, was noch schlimmer ist, manchmal die Geschmacklosigkeit hat, zu träumen, dass es erwacht wäre.

Die schlimmste Art von Wahnsinn entsteht aus der Kombination von Mythomanie und Halluzinationen.

Ein Mythomane ist jemand, der sich für Gott hält, der sich supertranszendiert fühlt, der möchte, dass alle ihn verehren.

Diese Individuen werden, wenn sie dieses Kapitel studieren, meine Worte anderen gegenüber zurechtbiegen, da sie von sich selbst denken, dass sie das *Ich* schon aufgelöst haben, obwohl es stärker ist als ein Gorilla.

Wenn ein schlafender Mythomane in der Schmiede der Zyklopen arbeitet, könnt ihr sicher sein, dass er die Arbeit bald aufgibt und sagt: Ich habe bereits die zweite Geburt erreicht; ich bin befreit; ich habe aus Liebe zur Menschheit auf das Nirvana verzichtet, ich bin ein Gott.

In unserer geliebten gnostischen Bewegung haben wir sehr hässliche Dinge gesehen; es ist erschreckend, die Mythomanen, die schlafenden Halluzinierenden zu sehen, wie sie Torheiten prophezeien, wie sie andere verleumden, wie sie andere als schwarze Magier darstellen, usw. Das ist schrecklich.

Teufel richten über Teufel! Diese „Verkörperungen der Perfektion“ wollen nicht einsehen, dass es in dieser schmerzhaften Welt, in der wir leben, fast unmöglich ist, jemals einen Heiligen zu finden.

Jeder Magier ist mehr oder weniger schwarz, auf keinen Fall kann er weiß sein, solange der Dämon, das vielfältige *Ich*, in seinem Körper existiert.

Herumzulaufen und zu sagen, dass dieser oder jener gefallen ist, ist ein geschmackloser Witz, denn in dieser Welt ist die ganze Menschheit gefallen.

Den Nächsten zu verleumden und Familien durch falsche Prophezeiungen zu zerstören, ist typisch für Halluzinierende, für Menschen, die davon träumen, wach zu sein.

Wenn jemand wirklich erwachen will, dann soll er sich entscheiden, von Moment zu Moment zu sterben; er soll tiefe Meditation praktizieren, sich vom Verstand befreien, mit den Runen arbeiten, wie wir es in diesem Buch gelehrt haben.

Hier in diesem patriarchalischen Hauptsitz der gnostischen Bewegung bekomme ich ständig Briefe von vielen Schlafenden, die sagen: Meine Frau oder dieser oder jener ist sehr entwickelt, ist eine sehr alte Seele, usw.

Diese armen Schlafenden, die so sprechen, glauben, dass Zeit und Evolution sie erwecken können, sie zur Selbstverwirklichung und zur endgültigen Befreiung führen können. Diese Menschen wollen nicht verstehen, dass die Evolution und ihre Zwillingsschwester, die Involution, ausschließlich zwei mechanische Naturgesetze sind, die in allem Erschaffenen harmonisch und koordiniert wirken.

Wenn jemand das Bewusstsein erweckt, versteht er die Notwendigkeit, sich von diesen beiden Gesetzen zu befreien und sich auf den Weg der Revolution zu begeben.

Wir wollen wache, beständige und revolutionäre Menschen; auf keinen Fall akzeptieren wir zusammenhanglose, vage, ungenaue, geschmacklose, geruchlose Phrasen usw.

Wir müssen wachsam und aufmerksam leben, wie der Wächter in Kriegszeiten. Wir wollen Menschen, die mit den drei Faktoren der Revolution des Bewusstseins arbeiten.

Wir bedauern die vielen Fälle von schlafenden aufrichtig Irrenden, die nur mit einem einzigen Faktor arbeiten, der leider oft missbraucht wird.

Wir müssen verstehen, was wir sind; arme schlafende Bestien, Maschinen, die vom Ego kontrolliert werden.

Die Rune Gibur

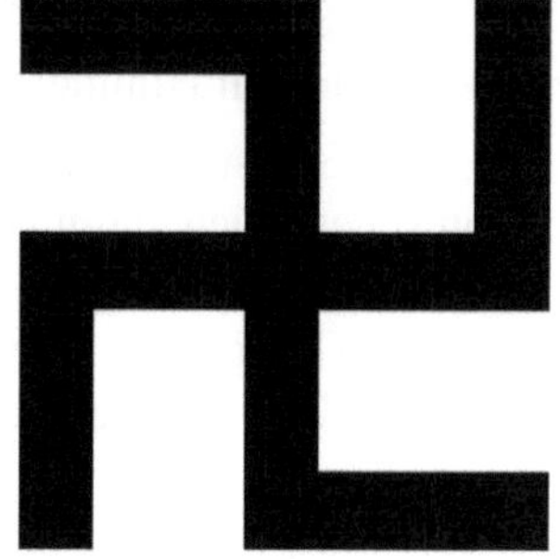

Die Tafeln oder Scheiben aus gebranntem Lehm, die in den wunderbaren Ruinen des alten Troja reichlich vorhanden sind, sind voller Jain-Symbole oder Hakenkreuze.

Dies bringt uns zu der Annahme, dass die Bewohner von Shekelmesha, obwohl sie mit den Atlantern verwandt waren, auch Ariergene in ihren Adern trugen, wie die berühmten yukatekischen Völker.

Wir sollten uns daran erinnern, dass die Arier schon vor mehr als einer Million Jahren existierten. Die erste der drei atlantischen Katastrophen liegt 800.000 Jahre zurück, und die letzte, wie wir in unserer vergangenen Weihnachtsbotschaft erwähnten, geschah vor etwa 11.000 Jahren.

Die Swastika der Fusaiolas ist ein sehr bedeutendes esoterisches Symbol.

Dieses erhabene Zeichen strahlt auf dem Kopf der großen Schlange von Vishnu, der Shasta Ananta der tausend Köpfe, die im Patala oder in der unteren Region lebt.

Wenn wir uns eingehend mit dieser Frage befassen, stellen wir fest, dass alle alten Völker das Zeichen der Swastika immer an die Spitze ihrer religiösen Symbole setzten, denn es ist Thors Hammer, die magische Waffe, die von den Pygmäen geschmiedet wurde gegen die Riesen oder gegen die vorkosmischen titanischen Kräfte, die dem Gesetz der universellen Harmonie widersprechen.

Die heilige Swastika ist daher der Hammer, der die Stürme erzeugt, die die Asen oder himmlischen Herren einsetzen.

Im Makrokosmos drücken ihre rechtwinkligen Arme eindeutig und ohne den geringsten Zweifel die unaufhörlichen Evolutionen und Involutionen der sieben Kosmen aus.

Die Swastika im Mikrokosmos stellt den Menschen dar, dessen rechter Arm zum Himmel und dessen linker Arm zur Erde zeigt.

Die Swastika ist ein alchemistisches, kosmogonisches und anthropogonisches Zeichen mit sieben verschiedenen interpretativen Schlüsseln. Sie ist daher letztendlich ein Symbol der transzendentalen Elektrizität, das Alfa und Omega der universellen sexuellen Kraft, vom Geist bis zur Materie; daher ist derjenige, der alle ihre mystischen Bedeutungen erfasst, frei von Maya (Illusion).

Ohne Zweifel ist die Swastika das elektrische Windrad der Physiker; darin sind alle Mysterien von Lingam-Yoni enthalten. Die Swastika an sich ist das Kreuz in Bewegung; Tantra-Yoga, Maithuna, Sexualmagie.

Die Gnostiker wissen sehr gut, dass das in den sexuellen endokrinen Drüsen enthaltene *ens seminis* das „Wasser des Lebens", die „Quelle der Unsterblichkeit", das „Elixier des ewigen Lebens", der „Nektar der Spiritualität" ist.

Die Grundlage der inneren Selbstverwirklichung liegt ausschließlich in der Wirbelsäule und im Sperma, und alles, was nicht dort begründet ist, ist leider Zeitverschwendung.

Alle möchten in den Strom des Klangs eintauchen, um die endgültige Befreiung zu erreichen, aber wahrlich, ich sage euch, ihr werdet das Himmelreich nicht betreten, wenn ihr nicht wiedergeboren seid.

Im Sanctum Regnum geboren zu werden, gehört zu den Mysterien des Kreuzes, zur Swastika.

Im aztekischen Mexiko trägt der Gott des Lebens die Swastika auf der Stirn und die Priester hatten es als Ornament an ihren heiligen Gewändern.

Es ist offensichtlich, dass ohne die sexuelle Alchemie, ohne das elektrische Windrad, ohne die heiligen Geheimnisse der Swastika, die innere Selbstverwirklichung, die zweite Geburt, von der der Kabir Jesus zum Rabbi Nikodemus sprach, mehr als unmöglich ist.

Im Zen-Buddhismus Japans symbolisiert die Zwiebel mit ihren verschiedenen übereinanderliegenden Schichten den Menschen mit seinen feinstofflichen Körpern. In der westlichen Welt untersuchen verschiedene pseudo-esoterische und pseudo-okkulte Schulen diese übersinnlichen Vehikel.

Die Zen-Mönche betonen die Notwendigkeit, diese feinstofflichen Körper zu Staub zu reduzieren, um die endgültige Befreiung zu erreichen.

Die Zen-Philosophie sagt, dass diese feinstofflichen Organismen einfache mentale Formen sind, die man auslöschen muss.

Es ist offensichtlich, dass diese inneren Körper, die von Mister Leadbeater, Annie Besant und vielen anderen Autoren studiert wurden, lunare Vehikel, protoplasmatische Körper sind, die sich bis zu einem bestimmten, von der Natur genau definierten Grad entwickeln; danach begeben sie sich auf den Weg der Involution, bis sie zum ursprünglichen Ausgangspunkt zurückkehren.

Tatsächlich haben die lunaren Körper auch einen Anfang und ein Ende.

Die Zen-Mönche irren sich nicht, wenn sie versuchen, sie aufzulösen.

Aber lasst uns noch ein bisschen weiter gehen; sprechen wir über das To Soma Heliakon, das Hochzeitskleid der Seele, den Körper des solaren Menschen.

Erinnert euch an das Gleichnis vom Hochzeitsfest im Evangelium. Als der König eintrat, um die Gäste zu sehen, bemerkte er unter ihnen einen Mann, der kein Hochzeitsgewand anhatte. Er sagte zu ihm: *„Mein Freund, wie konntest du hier ohne Hochzeitsgewand erscheinen?"* Darauf verstummte der Mann, er war nicht darauf vorbereitet zu antworten.

Schrecklich war der Moment, als der König befahl, *ihn an Händen und Füßen zu binden und in die äußerste Finsternis zu werfen, wo nur Weinen und Zähneknirschen zu hören sind.*

Dass die verschiedenen solaren Körper, die sich gegenseitig durchdringen, das Hochzeitskleid der Seele bilden, sollte uns nicht überraschen.

Das Wesentliche, das Kardinale, ist die Erschaffung der solaren Körper, und dies ist nur durch die Umwandlung des sexuellen Wasserstoffs Si-12 möglich.

Es ist offensichtlich, dass wir auf der Grundlage unaufhörlicher sexueller Transmutationen den Wasserstoff der Sexualität in die herrliche und wunderbare Form des solaren Astralkörpers verdichten können.

Es ist offensichtlich, dass wir durch die Arbeit mit dem Windrad der Physiker in der Schmiede der Zyklopen (die Sexualität) dem sexuellen

Wasserstoff im paradiesischen Körper des solaren Verstandes Kristallisation verleihen können.

Es ist unbestreitbar, dass wir, wenn wir bis zum Maximum in der neunten Sphäre arbeiten, dem solaren Körper des bewussten Willens Gestalt geben können und müssen.

Nur so, durch diese alchemistischen Kristallisationen, können wir den göttlichen Geist in uns inkarnieren. Nur durch die Arbeit mit den Mysterien der heiligen Swastika erreichen wir die zweite Geburt.

Die Unkenntnis dieser erklärten Prinzipien führt Tausende mystischer Schüler zu schwerwiegenden Fehlern.

Diese fundamentalen Postulate des Gnostizismus zu ignorieren, ist sehr ernst, da das zur Einkapselung der Intelligenz in verschiedene Dogmen und Theorien führt, die manchmal bestechend und faszinierend wirken, aber absurd und dumm sind, wenn wir sie wirklich im Lichte des *tertium organum* (der dritte Kanon des Denkens) untersuchen.

Max Heindel glaubte, dass das Hochzeitskleid der Seele, das „Soma Puchicon", ausschließlich aus den beiden höheren Äthern des vitalen Körpers oder dem Linga Sharira der Hindus besteht.

Dieser Autor glaubte, dass man das Soma Puchicon durch das Erhöhen des Volumens dieser beiden höheren Äther erreicht.

Das Konzept ist sehr schön, aber falsch; diese Äther sind nicht alles; es ist dringend notwendig, die höheren existenziellen Körper des Seins, d.h. die solaren Vehikel, herzustellen, wenn wir wirklich die zweite Geburt erreichen wollen.

Auf keinen Fall können die solaren Körper, das Hochzeitskleid der Seele, ohne die sexuellen Mysterien der Rune Gibur hergestellt werden.

Diese Rune ist der Buchstabe G der Freimaurerei; es ist schade, dass die F. M. die tiefe Bedeutung dieses mysteriösen Buchstabens nicht verstanden haben.

Das G ist das Swastika-Kreuz, das Amen, das wunderbare Ende aller Gebete.

G steht auch für Gott oder „God". Es ist gut zu wissen, dass Gibraltar früher Giburaltar hieß, d. h. der Altar des göttlichen Lebens, Altar des Gibur.

Die Menschen haben die Übungen der Runen vergessen, aber das Runen-Kreuz wurde zum Glück noch nicht vergessen.

Indem wir mit Daumen, Zeige- und Mittelfinger das heilige Zeichen der Swastika zeichnen, können wir uns gegen die dunklen Mächte verteidigen; die Legionen der Dämonen fliehen vor der Swastika.

Es wurde schon in vorigen Kapiteln geschrieben und wir werden nicht müde, es zu wiederholen: *„Wer nach mir kommen will, verleugne sich, nehme sein Kreuz und folge mir.“*

Petrus, der mit dem Kopf nach unten, in Richtung des harten Steins und mit den Füßen senkrecht nach oben gekreuzigt wurde, lädt uns ein, in die Schmiede der Zyklopen, in die neunte Sphäre, hinabzusteigen, um mit Feuer und Wasser zu arbeiten, dem Ursprung von Welten, Bestien, Menschen und Göttern; jede echte weiße Einweihung beginnt dort.

Die Infrasexuellen, Entarteten, die erklärten Feinde des dritten Logos protestieren gegen die sexuelle Alchemie der Swastika.

Wenn irgendjemand euch sagt, dass es möglich ist, sich selbst zu verwirklichen, ohne das heilige Kreuz, ohne die sexuelle Kreuzung zweier Menschen, dann sagt ihm, dass er lügt.

Wenn irgendjemand euch sagt, dass es notwendig ist, den Becher des Hermes zu verschütten und dass dies keine Konsequenzen hat, dann sagt ihm, dass er lügt.

Wehe euch, ihr Sodomiten, Homosexuellen, Feinde des anderen Geschlechts; für euch ... wird es nur Weinen und Zähneknirschen geben.

Wehe denen, die sich Christen nennen und das Kreuz auf der Brust tragen und es sich um den Hals hängen, aber das Maithuna, das Tantra-Yoga hassen; für diese scheinheiligen Pharisäer wird es nur Weinen und Verzweiflung geben.

Wehe! Wehe! Wehe!

Schlusswort

Geliebte gnostische Brüder:

Ich wünsche euch frohe Weihnachten und ein gutes neues Jahr. Möge der Stern von Bethlehem auf eurem Weg leuchten. Praktiziert diese Runen der Reihe nach; beginnt eure Übungen am 21. März; widmet jeder Rune die Zeit, die ihr möchtet.

Bitte schreibt mir, aber ich bitte euch, meine Lieben, mir keine Schmeicheleien, Komplimente und Lobreden per Post zu schicken. Denkt daran, dass all diejenigen, die uns in der Vergangenheit verraten haben, in Wirklichkeit große Schmeichler waren.

Ich möchte, dass ihr euch entschließt, auf allen Ebenen des Verstandes zu sterben. So wie ihr jetzt seid, mit diesem gewaltigen *Ich*, das so lebendig in euch ist, werdet ihr erfolglos sein.

Viele beklagen sich, dass sie nicht nach Belieben Astralreisen machen können; diese Leute sollten das Bewusstsein erwecken. Wenn man erwacht, ist eine Astralreise kein Problem mehr. Die Schlafenden dienen zu nichts.

In dieser „Weihnachtsbotschaft 1968-1969" habe ich euch die Wissenschaft gegeben, die ihr braucht, um das Erwachen des Bewusstseins zu erreichen.

Begeht nicht den Fehler, dieses Buch so zu lesen, wie man eine Zeitung liest. Studiert es viele Jahre lang gründlich, lebt es, setzt es in die Praxis um.

Denjenigen, die sich beschweren, weil sie die Erleuchtung nicht erreichen, rate ich zu Geduld und Gelassenheit.

Die Erleuchtung kommt zu uns, wenn wir das vielfältige *Ich* auflösen, wenn wir wirklich in den 49 Ebenen des Unterbewusstseins gestorben sind.

Diejenigen, die okkulte Mächte begehren, diejenigen, die Maithuna als Vorwand benutzen, um Frauen zu verführen, werden in die Involution eintreten, in den Höllenwelten versinken.

Arbeitet mit den drei Faktoren der Revolution des Bewusstseins in einer geordneten und perfekten Weise.

Begeht nicht den Fehler des Ehebruchs und der Unzucht. Hört auf wie Schmetterlinge zu sein. Diejenigen, die von Blume zu Blume, von Schule zu Schule flattern, sind sichere Kandidaten für den Abgrund und den zweiten Tod.

Lasst alle Selbstrechtfertigung und alles Selbstmitleid hinter euch und werdet zu euren eigenen Feinden, wenn ihr wirklich radikal sterben wollt; nur dann erlangt ihr die Erleuchtung.

Beginnt bei Null, meine Lieben; gebt den mystischen Stolz auf, die Mythomanie und die Tendenz, euch schon als tranzendiert zu betrachten.

Ihr alle seid nur arme intellektuelle Tiere, die zur Strafe des Lebens verurteilt sind.

Nur so, wenn ihr eine Bestandsaufnahme von euch selbst macht, könnt ihr erkennen, was ihr wirklich seid.

In Wahrheit besitzt ihr nur die lunaren Körper und das tierische Ego, das ist alles; warum verfallt ihr der Mythomanie? Eure Seele, die Essenz, befindet sich eingekapselt, schlafend im *Ich*; worauf also gründet ihr euren mystischen Stolz?

Seid demütig, um die Weisheit zu erlangen, und nachdem ihr sie erlangt habt, seid noch demütiger.

„Wer mir nachfolgen will, verleugne sich, nehme sein Kreuz auf sich und folge mir.“

Inverenzialen Frieden
Samael Aun Weor